THOMAS MORUS · UTOPIA

EIN WAHRHAFT KOSTBARES UND EBENSO
BEKÖMMLICHES WIE KURZWEILIGES BUCH
ÜBER DIE BESTE STAATSVERFASSUNG
UND DIE NEUE INSEL

Utopia

VERFASST VON DEM HOCHBERÜHMTEN
THOMAS MORUS
BÜRGER DER WELTBEKANNTEN
STADT LONDON / UNTER MITHILFE
DES MAGISTERS PETER AEGID
AUS ANTWERPEN

MIT SECHZEHN ZEITNAHEN BILDERN
VON MICHAEL MATHIAS PRECHTL
MALER ZU NÜRNBERG

ERSCHIENEN IM VERLAG DER
BÜCHERGILDE GUTENBERG
FRANKFURT AM MAIN · OLTEN · WIEN
MCMLXXXIX

Vorrede

Thomas Morus grüßt den Peter Aegid

Fast schäme ich mich, mein teuerster Peter Aegid, Dir dies Büchlein über den Staat von Utopien erst nach fast einem Jahre zu schicken, das Du zweifellos schon nach einem halben Jahre erwartet hast, da Du ja wußtest, daß ich in diesem Werke der Mühe des Erfindens überhoben war und auch über die Einteilung gar nicht nachzudenken, vielmehr bloß das wiederzugeben brauchte, was ich mit Dir zusammen gerade so den Raphael hatte erzählen hören. Ich brauchte mir deshalb auch mit dem Stilistischen nicht viel Mühe zu geben; denn seine Redeweise konnte ja gar nicht wohlgefeilt sein, einmal weil er unvorbereitet und aus dem Stegreif sprach, dann aber, weil er – Du weißt ja – mehr im Griechischen als im Lateinischen zu Hause ist. Je näher aber meine Rede seiner lässig-schlichten Sprache kommt, desto näher kommt sie der Wahrheit – und nur um die soll und will ich mich in dieser Sache kümmern.

Ich gestehe denn auch, Freund Peter, daß mir durch diese Voraussetzungen die Arbeit so erleichtert war, daß fast nichts zu tun übrigblieb: andernfalls hätte ja auch Erfindung und Anordnung des Ganzen Zeit und Studium eines nicht unbedeutenden und recht kenntnisreichen Geistes erfordert! Hätte man überdies noch verlangt, die Darstellung solle elegant, nicht nur wahrhaftig sein, so hätte ich das mit allem Aufwand von Zeit und Mühe nicht leisten können. Nun aber, nachdem ich von diesen Schwierigkeiten, deren Bewältigung mich viel Schweiß gekostet haben würde, entlastet war und nichts weiter zu tun blieb, als das Gehörte ganz einfach niederzuschreiben, war die Mühe nicht mehr groß. Aber selbst diese ganz unbedeutende Arbeit zu leisten, haben mir meine anderen Geschäfte sozusagen noch weniger als keine Zeit gelassen. Habe ich doch beständig mit Gerichtssachen zu tun: bald führe ich einen Prozeß, bald höre ich zu, bald schlichte ich als Schiedsmann, bald entscheide ich als Richter, bald habe ich einen amtlichen, bald einen geschäftlichen Besuch zu machen. Während ich so fast den ganzen Tag fremden Leuten, den Rest meinen Angehörigen widme, bleibt für mich, das heißt für die literarischen Interessen, nichts übrig.

Denn komme ich heim, so muß ich mit meiner Gattin plaudern, mit den Kindern schäkern, mit dem Hausgesinde sprechen; das rechne ich alles zu meinen Verpflichtungen, weil es geschehen muß. Geschehen muß es aber, wenn Du nicht im eigenen Hause ein Fremdling werden willst, und man muß sich überhaupt Mühe geben, sich den Menschen, die einem Natur oder Zufall oder eigene Wahl zu Begleitern auf dem Lebenswege mitgegeben hat, so freundlich als nur möglich zu erweisen, nur daß man sie nicht durch übertriebene Güte verderben und nicht durch Nachsicht seine Diener zu Herren werden lassen darf. Über alledem, was ich genannt habe, geht der Tag, der Monat, das Jahr dahin: wann also soll ich zum Schreiben kommen? Dabei habe ich noch gar nicht vom Schlaf gesprochen und nicht einmal vom Essen, das doch vielen Leuten nicht weniger Zeit kostet als der Schlaf, der fast die Hälfte des Lebens frißt. Und doch kann ich mir nur so viel Zeit ersparen, als ich mir vom Schlaf und Essen abziehe; das ist ja nur wenig, aber immerhin etwas, und so habe ich denn die Utopia langsam, aber doch endlich fertiggestellt und schicke sie Dir nun, lieber Peter, mit der Bitte, sie zu lesen und mich darauf aufmerksam zu machen, wenn mir etwas entgangen sein sollte. Zwar hege ich in diesem Punkte einiges Zutrauen zu mir selber (ich wollte, mir stünden Geist oder Gelehrsamkeit ebenso zur Verfügung wie mein im ganzen recht zuverlässiges Gedächtnis), aber ich bin meiner Sache doch nicht so sicher, daß ich nicht glaubte, mir könne etwas entfallen sein. Hat mich doch schon John Clement, mein Famulus, sehr in Zweifel gestürzt (Du weißt, er war damals dabei – wie ich ihn denn zu jeder Unterhaltung zuziehe, aus der er irgend etwas lernen kann; denn von diesem jungen Sprößling, der bereits im Lateinischen und Griechischen zu grünen beginnt, erwarte ich noch einmal prächtige Früchte); nämlich soviel ich mich erinnere, hat Hythlodeus erzählt, jene Brücke von Amaurotum über den Fluß Anydrus sei fünfhundert Schritt lang, mein John aber behauptet, zweihundert müsse ich abziehen: der Fluß sei dort nicht breiter als dreihundert Schritt. Bitte, besinne Dich doch einmal darauf. Stimmst Du mit ihm überein, so bin ich gleichfalls einverstanden und glaube, daß mich mein Gedächtnis trügt. Kannst Du Dich aber selbst nicht erinnern, so lasse ich stehen, was meine Erinnerung mir sagt. Denn so sehr ich besorgt bin, daß nichts Verkehrtes in dem Buche stehen soll, will ich doch in zweifelhaften Fällen lieber die Wahrheit verfehlen als bewußt unwahrhaftig sein; denn Tugend gilt mir mehr als Klugheit.

Allerdings wäre dieser Schaden leicht zu bessern, wenn Du Raphael selber fragen würdest, mündlich oder brieflich; das ist ohnedies notwendig wegen eines anderen Zweifels, der uns aufgestoßen ist – ich weiß nicht, ob mehr durch mich oder Dich oder durch Raphael selber verschuldet. Wir haben nämlich gar nicht daran gedacht, ihn zu fragen, und er nicht, uns zu sagen, in welcher Gegend jenes neuen Weltteils denn eigentlich Utopia liegt. Wahrhaftig, ich gäbe schon ein wenig Geld darum, könnte ich damit die Unterlassung wieder gutmachen! Denn einmal ist es mir wirklich etwas fatal, nicht zu wissen, in welchem Meere die Insel, von der ich so viel zu erzählen weiß, überhaupt liegt; dann aber gibt es bei uns einen oder den andern, vor allem einen frommen Berufstheologen, der in heißem Verlangen darauf brennt, Utopien zu besuchen, nicht aus platter, sensationslüsterner Neugier, sondern um die glücklichen Anfänge unserer Religion dort zu pflegen und auszubreiten. Und dabei ganz ordnungsmäßig vorzugehen, hat er beschlossen, sich vorher einen päpstlichen Missionsauftrag zu besorgen, ja sogar, sich zum Bischof der Utopier erwählen zu lassen, wobei ihn der Einwand durchaus nicht stört, daß er ja dieses Vorsteheramt sich erst durch Bewerbung verschaffen müßte. Freilich hält er diesen Ehrgeiz deshalb für geheiligt, weil er nicht Rücksichten auf Ehre oder Geld, sondern religiösen Motiven entspringe.

Deshalb bitte ich Dich, lieber Peter, wende Dich entweder mündlich – wenn es Dir bequem ist – oder brieflich an Hythlodeus und sorge dafür, daß in meinem Werke nichts Verkehrtes stehenbleibt, aber auch nichts an der Wahrheit fehlt. Vielleicht empfiehlt es sich darum, ihm das Buch selber zu zeigen. Kann doch kein anderer etwaige Irrtümer so gut wie er verbessern; er selbst kann das aber auch nur, wenn er liest, was ich geschrieben habe. Außerdem wirst Du auf diese Weise merken, ob er gern sieht oder ob er nicht davon erbaut ist, daß ich dieses Werk geschrieben habe. Sollte er nämlich etwa selber die Absicht haben, seine Abenteuer zu veröffentlichen, so wünscht er vielleicht nicht (und natürlich möchte ich das auch nicht), daß ich ihm den Duft und Reiz der Neuheit seiner Erzählung vorwegnehme, indem ich den Staat der Utopier der Welt bekannt mache.

Freilich bin ich, offen gestanden, mit mir selber noch nicht im reinen, ob ich das Ganze überhaupt veröffentlichen soll. Der Geschmack der Menschen ist ja so verschieden, man stößt zuweilen auf so wunderliche Anschauungen, auf so viel Undankbarkeit, so unsinnige Urteile, daß eigentlich viel besser die Leute damit fertig werden, die sorglos und vergnügt ihr Leben genießen, als die anderen, die sich verzehren in der Bemühung, etwas zu veröffentlichen, das dem ewig mäkelnden und undankbaren Publikum nützlich oder vergnüglich sein könnte. Die meisten Menschen verstehen nichts von literarischen Dingen; viele verachten sie. Barbarischer Geschmack weist alles als zu schwer zurück, was nicht gänzlich barbarisch ist; die gelehrten Schulzöpfe verschmähen alles als dilettantisch, was nicht von altmodisch-vergilbten Ausdrücken strotzt; gewissen Leuten gefällt nur das Alte, den meisten aber nur ihre eigene Weisheit. Der eine ist so finster, daß er keinen Scherz verträgt, der andere so fad, daß ihm ein Witz die Laune versalzt; manche sind so plattnäsig, daß sie jedes ironische Nasenrümpfen scheuen, wie ein vom tollen Hund Gebissener das Wasser; wieder andere so wetterwendisch, daß sie im Stehen bereits eine andere Meinung vertreten als im Sitzen. Manche aber sitzen in der Kneipe, urteilen auf der Bierbank über die geistige Bedeutung der Schriftsteller und verdammen sie mit größter Sicherheit nach Herzenslust, einen jeden in seinen Schriften zausend, als hätten sie ihn bei den Haaren; sie selber aber sind derweilen in Sicherheit, außer ›Schußweite‹, wie man zu sagen pflegt; denn diese guten Leute sind freilich um und um so glatt und kahl, daß sie auch nicht ein gutes Haar an sich haben, an das man sich halten könnte. Und weiter gibt es viele Undankbare, die zwar ein Buch

Presentat Ao 6 July 1516

Ein wahrhaftig postumes Konterfei des Thomas Morus.

ausgiebig zu genießen wissen, den Autor aber darum durchaus nicht besser leiden mögen, einigermaßen ähnlich jenen unliebenswürdigen Gästen, die mit einem üppigen Mahle sich freigebig bewirten lassen, um dann am Ende wohlgesättigt nach Hause zu gehen, ohne ein Wort des Dankes für den Gastgeber. Nun geh einer hin und richte für Leute von so verwöhntem Gaumen, so verschiedenem Geschmack und überdies so dankbarer und liebenswürdiger Gesinnung auf seine Kosten einen Schmaus her!

Aber gleichwohl, lieber Peter, verhandle Du einstweilen, wie ich Dir sagte, mit Hythlodeus. Später kann man sich ja dann diese Frage immer noch einmal überlegen. Sollte er indessen mit der Veröffentlichung einverstanden sein, so will ich – da ich einmal die Mühe des Schreibens hinter mir habe und nun zu spät zur Erkenntnis komme – in allem, was noch zur Herausgabe zu tun bleibt, dem Rat meiner Freunde folgen und in erster Linie dem Deinigen.

Lebe wohl, mein teuerster Peter Aegid, samt Deiner lieben Frau, und bleibe mir wie bisher zugetan, wie auch ich Dich lieber habe, als ich sonst pflege.

Erstes Buch

REDE DES TREFFLICHEN HERRN RAPHAEL HYTHLODEUS
ÜBER DIE BESTE STAATSVERFASSUNG

HERAUSGEGEBEN
VON DEM EDLEN HERRN THOMAS MORUS,
DER WELTBEKANNTEN BRITISCHEN HAUPTSTADT
BÜRGER UND VICECOMES

Jüngst hatte Heinrich, der siegreiche König von England, der Achte seines Namens, ein Herrscher mit allen fürstlichen Tugenden geziert, gewisse politische Differenzen mit Seiner Majestät König Karl von Kastilien. Zur Verhandlung und Schlichtung der Gegensätze schickte er mich als Unterhändler nach Flandern, und zwar in Begleitung und gemeinsamem Auftrag mit dem vortrefflichen Cuthbert Tunstall; erst kürzlich hat ihn der König unter allgemeinem, ungewöhnlich lebhaftem Beifall zum Großarchivar ernannt; doch ich will lieber nichts zu seinem Lobe sagen – nicht als ob ich fürchtete, die Freundschaft könnte mein Urteil trüben: aber seine Fähigkeiten und Kenntnisse sind größer, als mein Lob rühmen könnte, und überdies viel zu allgemein bekannt und anerkannt, um meiner zu bedürfen, ich müßte denn die Sonne mit der Laterne zeigen wollen, wie das Sprichwort sagt.[1]

In Brügge trafen wir – so war es ausgemacht – die Geschäftsträger der Gegenpartei, sämtlich höchst achtbare Herren. Ihr Führer und Haupt war der Markgraf (Präfekt) von Brügge, ein Mann von Stand und Ansehen; indessen der Sprecher und die Seele der Abordnung war der Propst von Cassel, Georg Temsicius, ein Redner von einer nicht nur anerzogenen, sondern durchaus natürlichen Beredsamkeit, überdies ein gewiegter Jurist, als Unterhändler ungewöhnlich befähigt durch Anlagen sowie durch beständige Praxis. So kamen wir denn ein und das andere Mal zusammen, ohne in gewissen Fragen eine Übereinstimmung zu erzielen; die Gegenpartei nahm deshalb nach ein paar Tagen von uns Abschied und reiste nach Brüssel, um die Entscheidung ihres Fürsten einzuholen. Unterdessen begab ich mich – die Geschäfte brachten es so mit sich – nach Antwerpen.

Während meines dortigen Aufenthaltes besuchte mich unter anderen, aber stets als willkommenster Gast, Peter Aegid aus Antwerpen, ein sehr vertrauenswürdiger junger Mann in angesehener Stellung unter seinen Landsleuten, würdig der angesehensten; weiß man doch nicht, was man mehr an ihm rühmen soll: seine Bildung oder seinen Charakter! Denn er ist ein vortrefflicher Mensch und zugleich ein fein gebildeter Kopf, überdies von lauterster Gesinnung gegen alle Menschen, gegen seine Freunde aber von einer Herzlichkeit, Liebe, Treue, aufrichtigen Zuneigung, daß es schwer ist, irgendwo einen oder den anderen zu finden, den man mit ihm in allen Dingen der Freundschaft vergleichen möchte. Eine seltene Bescheidenheit ziert ihn; keiner ist weiter entfernt von Verstellung, keiner so gescheit zugleich und so anspruchslos. So leicht, gewandt und harmlos witzig ist seine Unterhaltungsgabe, daß mir sein liebgewordener Umgang und die entzückende Plauderei mit ihm zum guten Teil über die Sehnsucht nach der Heimat und dem häuslichen Herde, nach Weib und Kind hinweghalf; denn überaus quälend bedrängte mich damals nach mehr als viermonatlichem Fernsein der Wunsch, sie wiederzusehen.

Eines Tages – ich hatte gerade in der wunderschönen und vielbesuchten Liebfrauenkirche an der Messe teilgenommen und wollte von dort nach Hause gehen – sah ich ihn zufällig mit einem Fremden sprechen, einem älteren Manne mit sonnverbranntem Antlitz, stattlichem Vollbart und nachlässig über die Schulter geworfenem Umhang, nach Aussehen und Kleidung zu urteilen einem Seemann. Kaum hatte mich Peter erblickt, so trat er grüßend herzu, ließ mir kaum Zeit zur Antwort und fragte, mich ein wenig beiseite führend: »Siehst du den da?« und deutete auf seinen Partner. »Gerade eben wollte ich ihn zu dir bringen.« – »Er wäre mir sehr willkommen gewesen – deinetwegen.« – »Bewahre«, sagte er, »seinetwegen; wenn du ihn nur schon kenntest! Es gibt heute niemanden auf der ganzen Welt, der dir so viel von fremden, unbekannten Menschen und Ländern erzählen könnte, und ich weiß doch, du liebst sehr solche Geschichten!« – »Siehst du«, rief ich, »so habe ich nicht falsch geraten! Habe ich doch gleich auf den ersten Blick gemerkt, das muß ein Seemann sein.« – »Weit gefehlt!« erwiderte er, »wenigstens segelt er nicht als Palinurus, sondern als Ulysses oder gar Plato. Weißt du, dieser Raphael – so heißt er, mit Vatersnamen Hythlodeus – versteht nicht wenig Latein und sehr viel Griechisch! Letzteres deshalb mehr als die Römersprache, weil er sich früher ganz auf die Philosophie geworfen hatte, in der er nichts von Belang im Lateinischen fand außer einigem von Seneca und Cicero. Später hat er dann sein Erbgut, auf dem er wohnte, seinen Brüdern überlassen und hat sich (er ist Portugiese) dem Amerigo Vespucci angeschlossen, um die weite Welt kennenzulernen. Dessen ständiger Begleiter war er auf den letzten drei von seinen vier Weltreisen, von denen man schon hier und da gedruckt lesen kann, doch kehrte er von der letzten nicht mit ihm zurück. Vielmehr sorgte er dafür und setzte es mit drängendem Bitten bei Amerigo durch, daß er zu jenen vierundzwanzig gehörte, die am Ende der letzten Seereise in dem Kastell zurückgelassen wurden.[2] So blieb er dort, getreu seiner Sinnesart, der die Reiselust über ein schönes Grabmal geht; führt er doch ständig solche Sprüche im Munde, wie: ›Wer keine Urne findet, hat den Himmel zum Grabgewölbe‹ oder ›Zum Himmel ist der Weg überall gleich weit.‹[3] Ein Wagemut, der ihn ohne Gottes gnädige Hilfe nur allzu teuer zu stehen gekommen wäre!

Er ist dann nach Vespuccis Abreise in mancherlei Länder umhergestreift, bis er schließlich durch einen wunderbaren Zufall nach Taprobane (Ceylon) und von da nach Calicut geriet; da fand er Gelegenheit, auf portugiesischen Schiffen endlich doch noch wider alles Hoffen heimzukehren.«

So erzählte Peter. Ich dankte ihm für seine Liebenswürdigkeit und seine Bemühungen, mir den Umgang mit einem Mann zu verschaffen, dessen Unterhaltung er mir willkommen glaubte, und wandte mich Raphael zu. Nach wechselseitiger Begrüßung und dem Austausch jener allgemeinen Redensarten, die bei der ersten Begegnung von Besuchern üblich sind, begaben wir uns nach meiner Wohnung. Dort im Garten, auf einer Rasenbank, entspann sich eine behagliche Plauderei.

Da erzählte er uns denn, wie er nach der Abreise Vespuccis samt seinen Genossen, die im Kastell zurückgeblieben waren, allmählich angefangen hätte, durch Gefälligkeiten und Schmeichelworte sich bei den Eingeborenen beliebt zu machen. Bald habe man nicht nur ungefährdet, sondern sogar freundschaftlich mit ihnen verkehrt. Vor allem seien sie einem Fürsten (sein Land und Name ist mir entfallen) lieb und wert gewesen. Dessen Freigebigkeit verdankten er (nach seiner Erzählung) und fünf seiner Genossen die vollständige Zurüstung und den treuen Reiseführer einer großen Expedition, die sie zur See mit Flößen, zu Lande mit Wagen unternahmen; warme Empfehlungen an andere Fürsten waren ihnen mitgegeben. Nach langer Reise stießen sie auf feste Plätze, auf Städte und völkerreiche Staaten, die nicht übel eingerichtet waren.

Zwar in der Gegend des Äquators – so erzählte er – und von da auf beiden Seiten, etwa so weit, wie der Sonnenkreis reicht, liegen wüste Einöden im beständigen, dörrenden Sonnenbrand: ringsum trostlose Wüstenei, abschreckend, gänzlich unkultiviert, Aufenthalt wilder Tiere und Schlangen, auch wohl von Menschen, die aber weder an Roheit noch an Gefährlichkeit den Tieren etwas nachgeben. Erst auf der Weiterfahrt gestaltet sich allmählich alles freundlicher: das Klima wird erträglicher, die Erde schimmert im Grün, zahmer werden die Tiere. Endlich zeigen sich Menschen; Städte, feste Plätze tun sich auf; unter ihnen regt sich ein ständiger Handelsverkehr, nicht nur lokal und zwischen Nachbarn, sondern ebenso lebhaft nach fernen Ländern hin, zu Wasser und zu Lande.

So wurde es Raphael möglich, viele Länder diesseits und jenseits des Meeres zu besuchen; denn kein Schiff rüstete sich zur Reise,

Die wunderschöne Kirche zu unserer lieben Frau von Antwerpen.

das nicht ihn und seine Genossen gern aufgenommen hätte. Die Schiffe in den ersten Ländern, die sie erblickten, hatten flache Kiele, Segel aus Bast oder Weidengeflecht, andernorts auch von Leder; später stieß man auf spitzgeschnäbelte Kiele und Hanfsegel, endlich war alles unseren Fahrzeugen ähnlich. Die Seeleute zeigten sich nicht unbewandert in Meeres- und Himmelskunde.

Doch erntete unser Erzähler den lebhaftesten Dank durch Mitteilung des Kompasses, den man noch gar nicht kannte; deshalb hatte man sich bis dahin nur zaghaft dem Meere anvertraut und gewagtere Fahrten nur im Sommer unternommen. Jetzt aber, im Vertrauen auf den Magnetstein, achten die Seeleute des Winters nicht, freilich mit mehr Zuversicht als wirklicher Sicherheit, so daß Gefahr besteht, diese Erfindung, von der sie sich so viel Gutes versprachen, könnte dank ihrer Unvorsichtigkeit noch einmal großen Schaden stiften.

Was Raphael alles auf diesen Reisen gesehen hatte, bekamen wir zu hören; doch alles hier wiederzugeben würde zu weit führen, ist auch nicht der Zweck dieser Schrift. Vielleicht werde ich andernorts einmal Gelegenheit finden, vor allem das zu erzählen, was nützlich zu wissen ist; dazu gehört vor allem, was er an trefflichen und klugen politischen Maßnahmen bei allerhand gesitteten Völkern wahrgenommen hat. Nach solchen Dingen fragten wir ihn am eifrigsten; von ihnen sprach er auch am liebsten, während von den üblichen Reiseungeheuern (es gibt nichts Langweiligeres!) nicht weiter die Rede war. Denn an Scyllen und habgierigen Celänonen, am menschenfressenden Lästrigonen[4] und dergleichen abscheulichen Ungetümen fehlt es fast nirgends in der Welt; aber eine heilsame und weise Staatsverfassung – das ist ein gar seltenes Ding.

Soviel er indessen bei jenen unbekannten Völkern an verkehrten Einrichtungen bemerkt hat, so wußte er doch auch nicht weniges zu berichten, das unseren Städten, Nationen, Völkern und Herrschaften als Beispiel dienen könnte, unsere eigenen Fehler zu verbessern. Wie gesagt, an anderer Stelle muß ich einmal davon sprechen.

Für jetzt will ich nur das wiedergeben, was er von Sitten und Einrichtungen der Utopier erzählte, indem ich jedoch vorausschicke, welche Wendung des Gespräches ihn auf die Erwähnung dieses Staates brachte.

Raphael hatte mit großer Klugheit alle möglichen Mißgriffe beleuchtet, die hier oder dort begangen werden – sicherlich sind es sehr viele auf beiden Seiten des Ozeans! –, ebenso aber auch manches Verständige hervorgehoben, das man bei uns oder bei jenen Fremden findet; man sah: er verstand sich auf Sitten und Einrichtungen jedes einzelnen Volkes mit einer Sicherheit, als hätte er überall, wohin ihn seine Reise führte, sein ganzes Leben zugebracht. Schließlich brach Peter in Bewunderung aus: »Wahrhaftig, lieber Raphael«, meinte er, »ich begreife nicht, warum du dich nicht irgendeinem Könige zur Verfügung stellst. So viel weiß ich sicher: es gibt keinen, dem du nicht hochwillkommen wärest mit solchem Wissen, solcher Welt- und Menschenkenntnis, nicht bloß zum Vergnügen, sondern um durch politische Beispiele zu belehren, um durch deinen Rat zu helfen. So könntest du gleichzeitig für dich selber dein Glück machen und allen deinen Angehörigen die größten Vorteile verschaffen.«

»Was meine Angehörigen betrifft«, erwiderte er, »so mache ich mir darum wenig Gedanken; denn ich glaube, ich habe meine Pflicht ihnen gegenüber so ziemlich erfüllt. Habe ich doch mein Vermögen, das andere nur im Alters- oder Krankheitsfall abtreten, und auch dann nur widerstrebend, weil sie es nicht länger behalten können, unter Verwandte und Freunde in voller Gesundheit und Frische verteilt, und zwar schon in meiner Jugend. Ich denke, sie sollten durch diesen meinen guten Willen zufriedengestellt sein und nicht obendrein von mir fordern und erwarten, daß ich mich ihretwegen in die Dienstbarkeit von Königen begebe.«

»Gut gesprochen!« rief Peter. »Indessen ich meinte nicht, du solltest in Diensten, sondern zu Diensten der Könige sein!«[5] – »Das ist nur um eine Silbe anders als in Diensten«, erwiderte jener. »Du magst die Sache nennen, wie du willst«, sagte Peter, »jedenfalls meine ich: das ist der Weg, auf dem du ebensowohl anderen Menschen, im privaten wie im öffentlichen Interesse, nützlich werden, als deine eigene Lage verbessern kannst.«

»Verbessern?« fragte Raphael, »durch ein Mittel, vor dem meiner Seele schaudert? Lebe ich denn nicht jetzt genau so, wie ich will? Ich vermute stark, das wird den wenigsten Purpurträgern zuteil! Es gibt ja genug Leute, die um die Freundschaft der Mächtigen buhlen; da sollte man nicht meinen, es wäre ein großer Verlust, wenn sie nun gerade mich und einen oder den anderen meinesgleichen entbehren müssen!«

»Man sieht deutlich«, so nahm ich jetzt das Wort, »daß du, lieber Raphael, nicht nach Reichtum und Macht strebst; und wahrhaftig, ich verehre und achte einen Menschen von solcher Gesinnung nicht weniger als irgendeinen der Mächtigsten. Indessen scheint mir, du würdest durchaus deiner selbst und deiner edlen Gesinnung, ja eines wahren Philosophen würdig handeln, wenn du dich entschließen könntest, wenn auch mit einiger Aufopferung persönlichen Wohlbefindens, deine Begabung und deinen Eifer dem öffentlichen Wohl zu widmen. Und niemals könntest du das mit solchem Erfolge tun, als wenn du als Berater irgendeines großen Königs ihm – das würdest du ja unzweifelhaft tun – mit richtigen und trefflichen Ratschlägen beistündest. Ergießt sich doch ein Sturzbach gleichsam alles Guten und Bösen vom Fürsten auf alles Volk herab wie von einer nie versiegenden Quelle. Du besitzest in der Tat ein so absolut sicheres Wissen, daß du auch ohne besondere Übung in den Geschäften, einfach auf Grund deiner großen Lebenserfahrung und ohne jede theoretische Anweisung, einen ganz ausgezeichneten Ratgeber jedes beliebigen Königs abgeben würdest.«

»Da täuschest du dich doppelt, lieber Morus«, war die Antwort; »einmal in mir, dann in der Sache. Ich besitze gar nicht die Fähigkeiten, die du mir zuschreibst; und hätte ich sie im höchsten Grade, so würde ich doch mit dem Opfer meiner Muße dem Staate gar nichts nützen. Denn erstens beschäftigen sich die Fürsten selber meist lieber mit militärischen Dingen (von denen ich nichts verstehe und nichts zu verstehen wünsche) als mit den heilsamen Künsten des Friedens; ihr Sinn steht vielmehr danach, durch Recht oder Unrecht sich neue Reiche zu erwerben, als das Erworbene gut zu verwalten. Sodann gibt es keinen Ratgeber an Königshöfen, der nicht entweder wirklich so weise ist, daß er den Rat eines anderen nicht braucht, oder doch sich so viel Weisheit einbildet, daß er ihn nicht gutheißen will; dabei klatschen sie Beifall und schmeicheln sie schmarotzerisch[6] den verrücktesten Meinungen derer, die sie in ihrem Buhlen um die größte Gunst des Monarchen durch ihre Zustimmung sich verpflichten wollen. Und gewiß: es ist ja nur natürlich, daß jedem seine eigenen Einfälle am besten gefallen. So entzückt den Raben die eigene Brut, und dem Affen schmeichelt der Anblick seines Jungen.[7]

Bringt deshalb einer in diesem Kreise von Leuten, die auf fremde Meinung immer neidisch sind oder doch die eigene stets vorziehen, etwas vor, das er aus der Lektüre von den Geschehnissen anderer Zeiten oder aus der Anschauung fremder Länder kennt, so tun die Zuhörer so, als geriete der ganze Ruhm ihrer Weisheit ins Wanken, wenn sie nicht gleich etwas finden können, um das Fündlein der anderen damit herabzusetzen. Fällt ihnen sonst nichts ein, dann flüchten sie zu Redensarten, wie: ›So haben es unsere Vorfahren gewollt; hätten wir nur ebensoviel Weisheit!‹ Nach solchem Spruche setzen sie sich nieder, als hätten sie wunder wie trefflich die Sache beredet. Gerade als ob es ein großes Unglück wäre, wenn sich einer darauf ertappen ließe, in irgend etwas klüger zu sein als seine Vorfahren! Aber es ist merkwürdig, was die Vorfahren wohl geordnet haben, das lassen wir ohne weiteres fahren;[8] nur wenn etwas hätte klüger gemacht werden können, dann klammern wir uns gierig gerade an diesen Punkt und verbeißen uns darauf, mit Gewalt ihn festzuhalten. Daher stammen denn auch diese hochmütigen, grillenhaften und verrückten Urteile, auf die ich so oft gestoßen bin, besonders aber auch eines Tages in England.«

»Ei der Tausend!« rief ich, »warst du auch einmal bei uns im Lande?« – »Gewiß«, sagte er, »und zwar ein paar Monate lang, bald nach jener Niederlage, die den Bürgerkrieg der Westengländer gegen den König in einem jammervollen Blutbade erstickte.[9] In jener Zeit war ich dem ehrwürdigen Vater Johannes Morton, Erzbischof von Canterbury, Kardinal und damals Lordkanzler von England, zu vielem Dank verpflichtet – einem Mann, lieber Peter (dem Morus sage ich damit nichts Neues), der nicht weniger um seiner Klugheit und Tüchtigkeit willen als seiner angesehenen Stellung wegen Verehrung verdiente. Eine Erscheinung von mittlerer Statur, ungebeugt von der Last der Jahre, ein Antlitz, das Respekt, aber nicht Scheu einflößte. Im Umgang war er nicht unfreundlich, aber doch recht ernst und würdevoll. Manchmal reizte es ihn, solche Besucher, die ein Anliegen vorzutragen hatten, etwas schroff anzulassen, doch ohne böse Absicht, nur um ihre Gesinnung, insbesondere ihre Geistesgegenwart zu erproben, über die er sich immer freute (war sie doch ihm selber eigen) und die er für die Geschäftsführung hochschätzte, wenn nur keine Frechheit mit unterlief. Gewandt und eindrucksvoll war seine Rede, seine Rechtskenntnis groß, geradezu fabelhaft sein Gedächtnis – kurz: es war ein ungewöhnlich geistvoller Mann, der seine natürlichen Anlagen noch durch Studien und Übung zu steigern wußte.

Auf seinen Rat schien zur Zeit meiner Anwesenheit der König sehr viel zu geben, die Staatsverwaltung sich zu stützen; war er doch seit frühester Jugend von der Schule weg an den Hof gezogen worden, hatte sich sein ganzes Leben in großen Staatsgeschäften bewegt und sich so, beständig umhergeworfen in allerhand Schicksalsstürmen, eine Weltklugheit unter tausend Gefahren erworben, die unverlierbar haftet, wenn einer sie auf diesem Wege gewonnen hat.

Zufällig traf es sich nun eines Tages, als ich gerade bei ihm zur Tafel saß, daß einer von euren Juristen aus dem Laienstande zugegen war, der – ich weiß nicht, wie das Gespräch darauf kam – mit Eifer jenen harten Rechtsbrauch zu loben anfing, den man damals in England gegen die Diebe anwandte, die man, wie er erzählte, allerwärts aufhänge, manchmal zwanzig an einen Galgen! Und da nur so wenige der Todesstrafe entgingen, sagte er, müsse er sich doch um so stärker wundern, welch übles Verhängnis denn eigentlich schuld sei, daß es gleichwohl überall von Dieben wimmele. ›Ei nun‹, sagte ich (denn ich durfte mir beim Kardinal ein freies Wort erlauben), ›wundere dich nur nicht: eine solche Strafe für Diebe geht denn doch über das gerechte Maß hinaus und liegt auch unmöglich im öffentlichen Interesse. Diebstahl zu sühnen ist sie zu scharf, ihn einzudämmen trotzdem unzureichend. Einfacher Diebstahl ist ja doch nicht so ein fürchterliches Verbrechen, daß es den Kopf kosten müßte, und andererseits ist keine Strafe hart genug, um solche Leute von der Räuberei abzuhalten, die sonst kein nährendes Gewerbe besitzen. Mir scheint, in diesen Dingen folgt nicht bloß ihr, sondern die halbe Welt dem Vorbild der schlechten Lehrer, die ihre Schüler lieber prügeln als belehren. So setzt man fürchterlich harte Strafen für Diebe fest, während man viel lieber dafür sorgen sollte, daß sie ihr Auskommen haben, damit nicht einer in den harten Zwang gerät, erst stehlen und danach sterben zu müssen.‹ ›Dafür‹, erwiderte er, ›ist ja genügend gesorgt. Haben wir nicht Handwerk und Ackerbau? Darin könnten sie ihr Auskommen finden; aber sie *wollen* lieber Gauner sein!‹ ›O nein, so entschlüpfst du mir nicht!‹ gab ich zur Antwort. ›Sehen wir zunächst von denen ab, die – ein häufiger Fall – von auswärtigen oder inneren Kriegen verstümmelt heimkehren, wie etwa neuerdings bei euch aus dem Cornwallerkrieg oder unlängst aus dem französischen Feldzug;[10] sie haben für den Staat oder für den König ihre gesunden Glieder geopfert, und ihre Kriegsbeschädigung hindert sie nun, den alten Beruf wieder auszuüben, ihr Alter aber, einen neuen zu lernen. Doch, wie gesagt, lassen wir sie beiseite für den Fall, daß eine Pause zwischen den Kriegen eintritt, und fassen wir nur das ins Auge, was alle Tage passieren kann!

Wie groß ist doch die Zahl der Edelleute, die selber müßig wie die Drohnen von anderer Leute Arbeit leben, nämlich von den Pächtern[11] auf ihren Gütern, die sie bis aufs Blut schinden, um höherer Renten willen (nur diese Art von Wirtschaftlichkeit kennen nämlich diese Menschen, sonst sind sie Verschwender bis zum letzten Pfennig!) obendrein aber scharen sie einen ungeheuerlichen Schwarm tagediebender Trabanten um sich, die niemals ein nützliches Handwerk gelernt haben, das seinen Mann nährt. Diese Leute nun werden ohne Umstände auf die Straße gesetzt, sobald der Hausherr stirbt oder sie selber krank werden; denn lieber füttert man einen Tagedieb durch als einen Kranken, und oft genug ist der Erbe auch außerstande, die väterliche Dienerschaft weiter zu halten. Inzwischen hungern diese Leute sich tapfer durch, wenn sie nicht tapfer zu räubern anfangen. Was sollen sie auch machen? Sind erst einmal Kleider und Gesundheit im Umherstrolchen einigermaßen ruiniert, so läßt sich kein Edelmann mehr herab, sie in Dienst zu nehmen, krank, schmutzig und in Lumpen gehüllt, wie sie sind, und auch die Bauern finden nicht den Mut dazu, denn die wissen recht genau, daß einer, der im faulen Genußleben aufgewachsen, nichts anderes gewöhnt ist als einherzustolzieren mit Schwert und Schild, auf seine Umgebung herabzublicken, umnebelt von Eitelkeit, und alle Menschen im Vergleich mit der eigenen werten Person zu verachten, ganz und gar nicht dazu paßt, mit Spaten und Karst um elenden Lohn und armselige Kost dem armen Manne treu zu dienen.‹

›Und doch‹, widersprach mein Gegner, ›müssen wir gerade diesen Stand vor allen anderen pflegen. Beruht doch auf diesen Leuten, die ein mutigeres Herz und mehr Edelsinn im Leibe haben als Handwerker und Landleute, die Kraft und Stärke des Heeres, wenn es einmal gilt, sich im Felde zu schlagen.‹

›Wahrhaftig‹, erwiderte ich, ›ebenso gut könntest du sagen, um des Krieges willen müsse man die Diebe hegen und pflegen; denn daran werdet ihr ganz gewiß keinen Mangel haben, solange ihr diese

Leute noch duldet. Sind doch die Räuber eine recht beherzte Art von Soldaten und die Soldaten nicht die geringsten unter dem Räubervolk – eine allerliebste Übereinstimmung der Berufe! Indessen ist euch dieses weitverbreitete Laster nicht eigentümlich; es ist fast allen Nationen gemeinsam. Zum Beispiel wird Frankreich noch von einer anderen, noch verderblicheren Pest geplagt: dort ist das ganze Land auch in Friedenszeiten (soweit man das ›Frieden‹ nennen kann) erfüllt und bedrängt von Söldnerscharen. Die sind aus demselben Grunde aufgekommen, der euch veranlaßt hat, hierzulande die faulen Dienstleute zu füttern, nämlich weil die törichten Staatsweisen[12] sich einbilden, das öffentliche Wohl beruhe darauf, daß immer eine starke und zuverlässige Schutzgarde, vor allem von altgedienten Soldaten, vorhanden sei, da man einmal zu ungeübten Rekruten kein Vertrauen hat. So müssen sie wohl gar eigens nach Kriegen suchen, um wohlgeübte Soldaten zu haben, und nach Menschen, die kostenlos geschlachtet werden können, damit nicht, wie Sallust so witzig sagt,[13] ›Hand und Sinn durch die Muße erlahme‹.

Wie gefährlich es aber ist, Bestien dieser Art zu züchten, hat Frankreich zu seinem eigenen Schaden lernen müssen, und auch das Beispiel der Römer, Karthager, Syrer und zahlreicher anderer Völker zeigt es: denen allen haben ihre stehenden Heere einmal über das andere nicht bloß das Regiment über den Haufen geworfen, sondern auch das flache Land und sogar die festen Städte selber verstört. Wie unnötig aber ist dies alles! Das geht schon daraus hervor, daß gerade die französischen Truppen, die doch geübte Soldaten sind von Kopf bis Fuß, sich nicht eben häufig rühmen können, eure Aufgebote geschlagen zu haben; mehr will ich nicht sagen, es könnte sonst so aussehen, als wollte ich den Anwesenden schmeicheln![14]

Aber alle diese städtischen Handwerker und ungeschlachten Bauern vom Lande bei euch machen nicht den Eindruck, als ob sie den faulen Troß der Edelleute gerade sehr fürchteten, vielleicht mit Ausnahme solcher, deren Mut durch mangelnde Körperkräfte

*Ergießt sich doch ein Sturzbach gleichsam alles Guten und Bösen vom Fürsten
auf alles Volk herab wie von einer nie versiegenden Quelle.*

beeinträchtigt oder durch häusliche Sorgen gebrochen wird. So gering also ist die Gefahr, daß die Leute, deren gesunde und kräftige Körper (denn nur ausgesuchte Leute läßt sich der Adel herab zu ruinieren!) jetzt durch Nichtstun oder fast weibische Tätigkeit erschlaffen, daß diese Leute, sage ich, etwa verweichlicht werden könnten, wenn sie einen nützlichen Lebensberuf erlernen und sich mit Männerarbeit beschäftigen! Auf alle Fälle scheint mir eins sicher: unmöglich kann es im öffentlichen Interesse liegen, bloß für den Kriegsfall, den ihr doch nicht zu haben braucht, wenn ihr nicht wollt, einen unermeßlichen Schwarm von dieser Sorte Menschen durchzufüttern, die den Frieden verdirbt, für den man sich doch viel eher einrichten sollte als für den Krieg!

Und doch liegt in diesen Verhältnissen durchaus nicht die einzige Ursache der Diebereien; es gibt noch eine andere, die euch nach meiner Ansicht in höherem Maße eigentümlich ist.‹ – ›Und das wäre?‹ fragte der Kardinal. ›Eure Schafe!‹ sagte ich. ›Eigentlich gelten sie als recht zahm und genügsam; jetzt aber haben sie, wie man hört, auf einmal angefangen, so gefräßig und wild zu werden, daß sie sogar Menschen fressen, Länder, Häuser, Städte verwüsten und entvölkern. Überall da nämlich, wo in eurem Reiche die besonders feine und darum teure Wolle gezüchtet wird, da lassen sich die Edelleute und Standespersonen[15] und manchmal sogar Äbte, heilige Männer, nicht mehr genügen an den Erträgnissen und Renten, die ihren Vorgängern herkömmlich aus ihren Besitzungen zuwuchsen; nicht genug damit, daß sie faul und üppig dahinleben, der Allgemeinheit nichts nützen, eher schaden, so nehmen sie auch noch das schöne Ackerland weg, zäunen alles als Weiden ein, reißen die Häuser nieder, zerstören die Dörfer, lassen nur die Kirche als Schafstall stehen und – gerade als ob bei euch die Wildgehege und Parkanlagen nicht schon genug Schaden stifteten! – verwandeln diese trefflichen Leute alle Siedlungen und alles angebaute Land in Einöden.[16] Damit also ein einziger Prasser, unersättlich und wie ein wahrer Fluch seines Landes, ein paar tausend Morgen zusammenhängendes Ackerland mit einem einzigen Zaun umgeben kann, werden Pächter von Haus und Hof vertrieben: durch listige Ränke oder gewaltsame Unterdrückung macht man sie wehrlos oder bringt sie durch ermüdende Plackereien zum Verkauf. So oder so müssen die Unglücklichen auswandern, Männer, Weiber, Ehemänner mit ihren Frauen, Witwen, Waisen, Eltern mit den kleinen Kindern und einer mehr vielköpfigen als vielbesitzenden Familie, wie denn die ländliche Wirtschaft zahlreicher Hände bedarf; sie müssen auswandern, sage ich, aus der vertrauten und gewohnten Heimstätte und finden nichts, da sie ihr Haupt hinlegen könnten. Ihren ganzen Hausrat, ohnehin nicht hoch verkäuflich, auch wenn man auf den Käufer warten könnte, schlagen sie für ein Spottgeld los, denn sie müssen ihn sich vom Halse schaffen. Ist das bißchen Erlös auf der Wanderschaft verbraucht, was bleibt ihnen schließlich anderes übrig, als zu stehlen und sich hängen zu lassen (versteht sich: von Rechts wegen!) oder aber Landstreicher und Bettler zu werden, nur daß sie freilich auch dann als Vagabunden, die müßig umherstreichen, ins Gefängnis geworfen werden; und doch will kein Mensch ihre Dienste haben, sie mögen sich noch so eifrig anbieten! Denn mit dem Ackerbau, den sie gewohnt sind, ist es nichts mehr, wo nicht gesät wird; genügt doch ein einziger Schaf- oder Rinderhirt, um dasselbe Land mit seinen Herden abzuweiden, zu dessen Anbau als Saatfeld viele Hände benötigt werden!

Aus demselben Grunde sind auch vielerorts die Lebensmittel teurer geworden. Ja, auch der Preis der Wolle ist so gestiegen, daß sie von den weniger bemittelten Tuchmachern eures Landes nicht mehr bezahlt werden kann, und so finden sich noch weitere Leute von der Arbeit weg zum Müßiggang gedrängt. Denn nach der großen Ausdehnung der Schafweiden hat eine Seuche unzählige Schafe hinweggerafft, gerade als hätte Gott, um die Habgier der Herren zu strafen, das Verderben auf ihre Schafe herabgesandt,[17] das mit größerem Recht über ihre eigenen Häupter sich entladen hätte. Aber die Zahl der Schafe mag noch so sehr wieder zunehmen, der Preis geht doch nicht herunter, weil der Handel damit, wenn er auch nicht im strengen Sinne ein Monopol[18] heißen kann (denn er liegt nicht in einer einzigen Hand), so doch jedenfalls ein Monopol weniger ist. Die Schafe sind ja fast sämtlich in die Hände weniger, und zwar eben der reichen Leute gefallen, die keine Notwendigkeit zwingt, früher zu verkaufen, als ihnen beliebt, und es beliebt ihnen nicht früher, als bis sie beliebig teuer verkaufen können. Wenn aber die übrigen Viehsorten ebenso teuer geworden sind, so ist dafür derselbe Grund, und hierfür erst recht, maßgebend; denn seit der Zerstörung der Gehöfte und dem Verfall der Landwirtschaft gibt es keine Aufzucht mehr. Die reichen Besitzer sorgen nämlich nicht ebenso für die Aufzucht von jungem Rindvieh wie von Schafen, sondern kaufen anderswo Magervieh billig auf, mästen es auf ihren Weiden und verkaufen es dann teuer weiter. Und nur darum, denke ich, hat man den ganzen Schaden dieser Sache noch nicht gemerkt, weil sie bisher nur dort die Preise hinauftreiben, wo sie verkaufen. Aber sobald sie erst einmal eine Zeitlang das Vieh schneller weggeführt haben, als es nachgezogen werden kann, muß auch an den Plätzen, wo es aufgehäuft wird, notwendigerweise der Viehbestand allmählich abnehmen und so durch äußersten Mangel eine schwierige Lage entstehen.

So verkehrt sich, was das größte Glück dieser eurer Insel auszumachen schien, dank der ruchlosen Habgier weniger Menschen ins Verderben. Ist doch diese Teuerung der Lebensmittel einer der Gründe, weshalb ein jeder soviel Dienerschaft als möglich entläßt: wohin, frage ich, wenn nicht zur Bettelei oder, was ritterlichen Gemütern vielleicht besser eingeht, zur Räuberei?

Wieviel aber trägt zu dieser beklagenswerten Verarmung und Verelendung noch die unsinnige Verschwendungssucht bei! Unter der Dienerschaft des Adels wie bei den Handwerkern, aber fast ebenso selbst bei den Bauern und in allen Ständen überhaupt findet man viel prahlerischen Aufwand an Kleidung und übertriebene Üppigkeit der Lebenshaltung. Nehmt dazu noch Kneipen, Spelunken,

Bordelle und die andere Art von Bordellen: die Weinschenken, Bierhäuser, schließlich alle die liederlichen Spiele: Würfelspiel, Karten, Würfelbecher, Ball-, Kegel- und Scheibenspiel: ja, treibt das alles denn nicht die Anbeter[19] der Sinneslust, sobald das Geld erschöpft ist, geradeswegs ins Räuberhandwerk?

Kämpfet an gegen all diese lebensgefährlichen Seuchen! Verordnet, daß die Gehöfte und Dörfer von denen wieder aufgebaut werden, die sie zerstört haben, oder aber laßt sie den Leuten einräumen, die zum Wiederaufbau bereit sind![20] Setzt Schranken gegen die Aufkäufe der reichen Besitzer und gegen die Freiheit gleichsam ihres Monopols! Sorgt, daß nicht so viele vom Müßiggang leben! Ruft den Ackerbau wieder ins Leben, erneuert die Wollspinnerei; das gäbe ein recht ehrsames Geschäft, in dem sich mit Nutzen jener Schwarm von Tagedieben betätigen könnte, die bisher die Not zu Dieben gemacht hat oder die jetzt Strolche oder faule Dienstmannen sind, unzweifelhaft beide zu künftigen Dieben vorherbestimmt! So viel ist gewiß: solange ihr diese Übel nicht heilt, rühmt ihr euch vergebens eurer gerechten Strafen gegen den Diebstahl! Sie nehmen sich gut aus, aber gerecht und nützlich sind sie nicht. Denn wenn ihr die Menschen in jämmerlicher Erziehung aufwachsen, ihren Charakter von zarter Jugend an verderben laßt, um sie dann hinterher zu bestrafen – wenn sie nämlich als Erwachsene eben die Laster an den Tag legen, für die sie von Kindheit an die besten Anlagen zeigten: ich bitte euch, was tut ihr anderes, als daß ihr selber sie erst zu Dieben macht und dann den Richter spielt?

Während ich so sprach, hatte sich mittlerweile der Rechtsgelehrte zur Rede gesammelt und sich vorgenommen, in jener feierlich-pedantischen Methode der Schuldisputanten zu antworten, die lieber wiederholen als entgegnen; sehen sie doch den besten Teil ihres Ruhmes im guten Gedächtnis! ›Sehr hübsch hast du gesprochen, wahrhaftig‹, sagte er. ›Natürlich muß man in Betracht ziehen, daß du ein Fremder bist, der die Dinge mehr vom Hörensagen als aus genauer Einsicht kennt, wie ich sofort mit ein paar Worten klarlegen werde. Und zwar will ich zuerst der Reihe nach deine Darlegungen durchgehen, sodann zeigen, an welchen Punkten dich Unkenntnis unserer Verhältnisse irregeführt hat, endlich alle deine Thesen entkräften und zerpflücken. Um also mit dem ersten Teil meines Versprechens zu beginnen, so scheinst du mir vier –‹ ›Still!‹ rief der Kardinal, ›wenn du so anfängst, wirst du nicht mit ein paar Worten auskommen, wie mir scheint. Für diesmal sollst du deshalb der Mühe enthoben sein, zu antworten; doch wollen wir dir dies Geschäft unverkürzt aufheben bis zu eurer nächsten Zusammenkunft, die ich schon auf morgen ansetzen möchte, falls dich oder unseren Raphael nichts abhält.

Inzwischen aber möchte ich von dir, lieber Raphael, gar zu gern hören, aus welchem Grunde du der Ansicht bist, Diebstahl solle man nicht mit dem Tode bestrafen, und welche andere, dem öffentlichen Interesse zuträglichere Strafe du an die Stelle setzen möchtest; auch du bist ja doch nicht einfach für Duldung! Aber wenn die Verbrecher jetzt sogar trotz der Todesgefahr auf das Stehlen verfallen, welche Gewalt, welche Befürchtung könnte sie dann noch zurückschrecken, sobald erst einmal die Sicherheit des Lebens garantiert ist? Werden sie die Milderung der Strafe nicht so deuten, als würden sie gewissermaßen durch eine Prämie zum Verbrechen ermuntert?‹

›Ich muß nun einmal auf der Ansicht beharren, Euer Gnaden‹, erwiderte ich, ›daß es durchaus unbillig ist, einem Menschen das Leben zu nehmen, weil er Geld genommen hat; lassen sich doch sämtliche Glücksgüter nach meiner Meinung mit dem menschlichen Leben nicht in Vergleich stellen! Nimmt man aber an, daß die Rechtsverletzung oder die Übertretung der Gesetze, nicht das gestohlene Geld durch diese Strafe aufgewogen werden soll, gilt dann nicht erst recht der Satz: ›Summum jus summa injuria?‹ Denn weder sind Gesetzesbestimmungen von so ›manlischer‹ Strenge[21] zu billigen, daß gleich beim geringsten Vergehen das Schwert aus der Scheide fährt, noch so stoische Grundsätze, daß man alles

Unrecht ganz gleich einschätzt[22] und behauptet, es mache keinen Unterschied, ob einer einen Menschen ums Leben bringt oder ihn bloß am Mammon schädigt: Vergehen, zwischen denen überhaupt keine Ähnlichkeit oder Verwandtschaft besteht, solange noch Billigkeit irgend etwas gilt. Gottes Gebot ist, niemanden zu töten, und wir töten so mir nichts dir nichts um eines gestohlenen Sümmchens willen? Sollte aber jemand die Auslegung versuchen, jenes Gottesgebot verbiete den Mord, soweit als nicht menschliche Gesetze die Tötung gebieten, was hindert dann, daß die Menschen auf demselben Wege unter sich ausmachen, wieweit Notzucht, Ehebruch, Meineid zu gestatten sei? Gott hat uns nicht nur das Recht auf das fremde, sondern sogar auf das eigene Leben genommen; wenn aber die menschliche Übereinkunft, sich wechselseitig unter bestimmten Voraussetzungen totzuschlagen, so viel Gültigkeit haben soll, daß sie ihre Polizeiorgane von den Schranken jenes Gebotes befreit und diese demnach ohne jede Strafe Gottes solche Menschen ums Leben bringen dürfen, deren Tötung menschliche Verordnung befiehlt – ja, steht es dann nicht so, daß man jenes Gebot Gottes nur so weit zu Recht bestehen läßt, als menschliches Recht es erlaubt? In der Tat: so wird es dahin kommen, daß auf analoge Weise in allen Dingen die Menschen festsetzen, wieweit Gottes Wille beachtet werden soll! Und schließlich: sogar das mosaische Gesetz, obwohl erbarmungslos und hart – denn es ist für Knechtsnaturen bestimmt, und zwar für hartnäckige –, hat doch gegen Diebstahl nur Geld-, nicht Todesstrafe festgesetzt. Sollte man aber glauben, daß Gott unter dem neuen Gesetz der Gnade, mit dem er als Vater uns, seine Kinder, regiert, uns größere Freiheit gegeben hat, gegeneinander zu wüten?

Das sind meine Gründe gegen die Rechtmäßigkeit der Todesstrafe. Wie unsinnig, ja wie verderblich es aber außerdem für den Staat ist, den Dieb ebenso wie den Totschläger zu bestrafen, das ist, denke ich, allgemein bekannt. Denn wenn der Räuber sieht, daß ihm keine geringere Strafe droht, wenn er bloßen Diebstahls wegen verurteilt wird, als wenn man ihn außerdem noch des Totschlags überführt, wird er schon durch diese eine Überlegung zum Morde eines Menschen veranlaßt, den er andernfalls nur beraubt hätte; ja, abgesehen davon, daß die Gefahr durchaus nicht größer ist, wenn er ertappt wird, bietet sogar der Mord größere Sicherheit und mehr Aussicht, unentdeckt zu bleiben: der Zeuge des Verbrechens ist ja dann beseitigt. Indem wir also die Diebe durch übertriebene Strenge einzuschüchtern suchen, stacheln wir sie gerade an, sich am Leben braver Menschen zu vergreifen.

Was nun die übliche Frage anlangt, welche Art von Bestrafung besser sei, so meine ich, eine bessere ist viel leichter zu finden als eine noch schlechtere. Warum sollten wir denn Bedenken tragen, jene alte Methode der Bestrafung von Verbrechen für nützlich zu halten, die schon im Altertum, wie man weiß, die Römer so lange verwandt haben, diese alten Praktiker der Staatskunst? Sie pflegten nämlich Schwerverbrecher zur Arbeit in Steinbrüchen und Erzgruben zu verurteilen, wo sie beständig Fesseln zu tragen hatten.

Indessen hat meiner Meinung nach in dieser Sache kein Volk eine bessere Einrichtung getroffen als die, mit der ich auf meinen Wanderfahrten in Persien bei den sogenannten ›Polyleriten‹ bekannt wurde. Das ist ein recht ansehnliches Volk mit überaus vernünftiger Staatsverfassung und, abgesehen von einem jährlichen Tribut an den Perserkönig, frei und souverän. Da sie weit vom Meere entfernt, fast ganz von Bergen eingeschlossen leben, an den Erträgnissen ihres Landes durchaus sich genügen lassen und mit anderen Völkern weder hinüber noch herüber viel Berührung haben, trachten sich auch – altem Herkommen der Nation gemäß – nicht nach Gebietserweiterung; innerhalb ihrer Grenzen aber sind sie vor fremder Gewalttat durch ihre Berge und durch Jahrgelder, die sie den Eroberern zahlen, mühelos geschützt. So leben sie dahin, völlig frei vom Kriegsdienst, nicht gerade glänzend, aber behaglich und mehr auf ihr Glück als auf Adel und Ruhm bedacht, ja nicht einmal dem Namen nach, vermute ich, weiter als in der unmittelbaren Nachbarschaft hinreichend bekannt.

Bei ihnen also muß jeder, der des Diebstahls überführt wird, das gestohlene Gut dem Eigentümer zurückgeben, nicht etwa, wie anderswo üblich, dem Landesherrn; sind sie doch der Meinung, der habe genau ebensoviel Anrecht auf das gestohlene Gut wie der Dieb selber. Ist es verlorengegangen, so wird der Wert aus dem Eigentum des Diebes ersetzt und bezahlt, der Rest bleibt Frau und Kindern unverkürzt, die Diebe selber aber werden zu Zwangsarbeiten verurteilt. Handelt es sich nicht um besonders schwere Fälle, so schließt man die Sträflinge weder ins Arbeitshaus ein, noch läßt man sie Beinschellen tragen, sondern frei und fessellos werden sie bei öffentlichen Arbeiten verwendet. Widerspenstige und Träge zwingt man nicht durch Fesselung, sondern treibt sie durch Prügel an; aber wer eifrig bei der Arbeit ist, erduldet keinerlei Mißhandlung; nur des Nachts werden sie durch Namensaufruf kontrolliert und in Schlafräume eingeschlossen. Außer der beständigen Arbeit hat dieses Leben nichts Beschwerliches; die Ernährung ist nicht übel; für die in öffentlichen Arbeiten Beschäftigten erfolgt sie aus öffentlichen Mitteln, und zwar in den verschiedenen Gegenden auf verschiedene Weise. Mancherorts wird nämlich der Aufwand für sie aus Almosen bestritten; das ist zwar eine unsichere Methode, aber dank der mildtätigen Gesinnung dieses Volkes ist der Ertrag auf diesem Wege so reich wie auf irgendeinem anderen. Andernorts werden gewisse öffentliche Gefälle für diesen Zweck bestimmt; wieder anderswo bringt man eine feste Kopfsteuer dafür auf. An manchen Orten aber arbeiten die Sträflinge nicht auf öffentliche Rechnung, sondern wenn ein Privatunternehmer Lohnarbeiter braucht, mietet er ihre Arbeit für den Tag auf dem Markte gegen einen feststehenden Lohn, ein wenig billiger, als er für freie Lohnarbeit zahlen würde. Überdies hat er das Recht, faule Sklaven zu peitschen.
So fehlt es ihnen nie an Arbeit, und jeder von ihnen verdient täglich über seinen Lebensbedarf hinaus noch etwas für die Staatskasse hinzu. Sie sind alle ohne Ausnahme in eine bestimmte Farbe gekleidet; das Haar ist nicht ganz geschoren, sondern nur dicht über den

*Eure Schafe gelten als recht zahm und genügsam; jetzt aber haben sie,
wie man hört, auf einmal angefangen, so gefräßig und wild zu werden, daß sie sogar
Menschen fressen, Länder, Häuser, Städte verwüsten und entvölkern.*

Ohrmuscheln, von denen die eine etwas gestutzt wird, beschnitten. Speise, Trank und Kleidung von der vorgeschriebenen Farbe darf jeder von seinen Freunden annehmen; Geldgeschenke dagegen ziehen für den Geber ebenso wie für den Empfänger die Todesstrafe nach sich, und ebenso gefährlich ist es auch für einen Freien, aus irgendeinem Grunde Geld von einem Sträfling anzunehmen und für die Sklaven (so heißen die Sträflinge) Waffen anzurühren. Jede Landschaft hat ihre eigenen unterscheidenden Kennzeichen für die Sklaven, die abzulegen den Kopf kostet; ebenso geht es, wenn einer außerhalb seines Bezirkes gesehen wird oder mit einem Sklaven einer anderen Landschaft ein Wort spricht. Geplante Flucht belastet nicht weniger schwer als die Ausführung: schon der Mitwisser eines solchen Planes zu sein, bedeutet für den Sklaven den Tod, für den Freien Sklaverei. Dagegen sind Prämien auf die Anzeige ausgesetzt: für den Freien Geldbelohnung, für den Sklaven die Freiheit, für beide aber Verzeihung und Straflosigkeit als Mitwisser; so bietet es niemals mehr Sicherheit, einen bösen Anschlag durchzuführen, als ihn zu bereuen.

Das also ist die gesetzliche Ordnung dieser Angelegenheit, wie ich sie geschildert habe. Wie human und praktisch sie ist, leuchtet ohne weiteres ein. Ist ihre Strenge doch von der Art, daß sie die Verbrechen beseitigt, ohne die Menschen zu vernichten, diese vielmehr so behandelt, daß sie gezwungen sind, sich gut zu verhalten, und was sie vorher an Schaden angerichtet haben, durch ihr übriges Leben wieder gutzumachen.

Übrigens ist so wenig zu befürchten, die Sträflinge könnten in ihre frühere Lebensart zurückfallen, daß selbst die Reisenden, die irgendwo einen Weg vor sich haben, keinerlei Führern sich lieber anvertrauen als diesen Sklaven, die dann von einer Landschaft zur anderen unmittelbar wechseln. Sind sie doch völlig ungeeignet zum Raubüberfall: waffenlos sind ihre Hände, Geld würde nur zum Verräter ihres Verbrechens werden, dem Ertappten droht die Strafe, und es besteht keine Hoffnung auf Flucht. Oder wie sollte ein Mensch andere täuschen und seine Flucht verheimlichen können, dessen Kleidung in keinem Stücke der landesüblichen ähnlich sieht, wenn er nicht nackend davoneilen will? Ja, selbst dann würde den Fliehenden die Ohrmuschel verraten! Indessen: können sie nicht Rat halten und eine Verschwörung gegen den Staat anzetteln? Wäre das nicht doch eine ernste Gefahr? Als ob irgendeine Gruppe auf solche Dinge hoffen dürfte, ehe nicht zuvor die Sklavenschaften zahlreicher Landschaften beunruhigt und aufgewiegelt wären, die doch nicht einmal zusammenkommen, miteinander sprechen oder sich gegenseitig grüßen dürfen, also noch viel weniger sich miteinander verschwören können! Als ob ferner anzunehmen wäre, es würden sich Leute finden, die unbesorgt solche Pläne ihren Anhängern anvertrauen, während sie doch wissen, daß Verschweigen Gefahr, Verrat aber den höchsten Nutzen bringt! Und dies um so weniger, als andererseits keiner ganz ohne Hoffnung ist, wenn er Gehorsam zeigt, sich hervortut und durch sein Verhalten künftige Besserung erwarten läßt, irgendwann einmal wieder die Freiheit zu gewinnen. Werden doch alljährlich ein paar Sklaven in Freiheit gesetzt, die sich durch geduldiges Ausharren empfohlen haben!‹

So sprach ich und fügte hinzu, ich könne nicht einsehen, warum man dieses Verfahren nicht auch in England anwenden könnte, und zwar mit viel größerem Nutzen als jenen Rechtsbrauch, den der Jurist vorhin so sehr gelobt hatte. Aber da fiel mir dieser ins Wort. ›Niemals‹, rief er, ›kann man das in England einführen, ohne den Staat in größte Gefahr zu stürzen!‹ Und indem er das sagte, schüttelte er überlegen den Kopf, verzog die Lippen verächtlich, und dann schwieg er still. Und alle Anwesenden teilten seine Meinung.

Indessen meinte der Kardinal: ›Es läßt sich nicht so leicht prophezeien, ob die Reform vorteilhaft ausgehen würde oder nicht, solange man noch gar keinen Versuch damit gemacht hat. Aber der Landesherr könnte ja nach Verkündung des Todesurteils zunächst Aufschub befehlen und die vorgeschlagene Methode erproben, wobei man das (kirchliche) Asylrecht einschränken müßte. Bewährt sich dann die Reform durch den Erfolg als nützlich, so wäre es doch richtig, sie dauernd einzuführen. Andernfalls könnte man die vorher Verurteilten immer noch hinrichten, und das wäre nicht weniger vorteilhaft für den Staat und nicht ungerechter, als wenn es jetzt gleich geschähe; auch in der Zwischenzeit könnte keine Gefahr daraus entstehen. Ja, mir scheint, es wäre gar nicht übel, auch die Landstreicher auf dieselbe Weise zu behandeln, gegen die wir doch bisher mit allen unseren Gesetzen nichts ausgerichtet haben.‹

Kaum hatte der Kardinal das gesagt – dasselbe, was sie aus meinem Munde sämtlich mit Geringschätzung aufgenommen hatten –, so wetteiferten sie, einer wie der andere, seine Äußerung mit Lobsprüchen zu überhäufen, besonders jedoch den Satz über die Landstreicher, weil er den ja von sich aus hinzugefügt hatte.

Was nun folgte, sollte ich vielleicht lieber verschweigen – es war lächerlich –, aber ich will es doch erzählen; denn übel war es nicht und gehörte einigermaßen zur Sache.

Es stand gerade ein Hofschranze dabei, der anscheinend den Narren spielen wollte; aber er führte seine Rolle so schlecht durch, daß er eher einem wirklichen Narren ähnlich sah, und angelte mit so frostigen Witzen nach Gelächter, daß häufiger über ihn selber als über seine Redensarten gelacht wurde. Immerhin entfuhr dem Menschen zuweilen auch etwas nicht ganz Albernes, gleichsam zur Bestätigung des Sprichwortes: ›Wer viel kegelt, trifft auch einmal alle Neune.‹[23] So hatte einer von der Tafelrunde gemeint, ich hätte in meiner Rede gut gesorgt für die Diebe, der Kardinal sich auch um die Landstreicher bemüht, nun bliebe noch übrig, von Staats wegen sich auch um die zu kümmern, die Krankheit oder Alter ins Elend gebracht und unfähig gemacht hätte, von ihrer Hände Arbeit zu leben. ›Überlaß mir das!‹ rief da der Spaßmacher. ›Ich will auch hierfür schon nach dem Rechten sehen! Ich wünsche schon lange dringend, daß mir diese Sorte Menschen irgendwie aus den Augen kommt. Gar zu oft haben sie mich verdrossen, wenn sie mich um

Geld anbettelten mit ihrem Klagegeheul; übrigens konnten sie das niemals schön genug anstimmen, um mir nur einen Heller zu entlocken. Es traf sich nämlich immer gerade so: entweder ich wollte nichts geben, oder ich konnte es gar nicht, nämlich wenn nichts da war zum Verschenken. Deshalb fangen sie jetzt an, vernünftig zu werden; um nämlich keine Mühe unnütz zu verlieren, lassen sie mich still vorbei, wenn sie mich vorüberkommen sehen. Nein, von mir haben sie nichts Besseres zu hoffen, wahrhaftig nicht mehr, als wenn ich ein Priester wäre.[24] Aber jetzt verordne ich, es soll ein Gesetz erlassen werden, alle diese Bettler auf die Benediktinerklöster gänzlich zu verteilen und sie zu sogenannten Laienbrüdern zu machen; die Weiber, gebiete ich, sollen Nonnen werden.‹

Der Kardinal lächelte und stimmte im Scherze zu, die anderen daraufhin auch im Ernst. Indessen wurde ein Theologe, ein Klosterbruder, durch diesen Witz gegen Priester und Mönche so aufgeheitert, daß er sogar selber, sonst ein ernsthafter, beinahe finsterer Mann, zu scherzen anfing. ›Ei nun‹, rief er, ›so wirst du die Bettelei doch nicht loswerden, du müßtest denn auch für uns Klosterbrüder Vorsorge treffen!‹ – ›Ach was‹, erwiderte der Possenreißer, ›dafür ist längst gesorgt. Der Herr Kardinal hat ja ausgezeichnet für euch vorgesorgt, indem er bestimmt hat, die Tagediebe sollten mit Zwangsarbeit beschäftigt werden; ihr seid ja doch die größten Tagediebe!‹

Jetzt richteten sich alle Blicke auf den Kardinal; als man aber sah, er mißbillige auch diesen Witz nicht, fing alles an, mit größtem Vergnügen ihn aufzunehmen, bis auf den Klosterbruder. Der nämlich, mit solchem Essig begossen,[25] wurde dermaßen wütend (kein Wunder!) und erhitzte sich so, daß er ohne weitere Selbstbeherrschung losschimpfte. Er nannte den Menschen einen Windbeutel, einen Verleumder, einen Ohrenbläser, ein Kind der Verdammnis und zitierte zwischendurch fürchterliche Drohungen aus der Heiligen Schrift. Jetzt fing aber der Witzbold an, ernsthafte Witze zu machen, und da war er ganz in seinem Elemente. ›Zürne nicht, trefflicher

Bruder!‹ rief er. ›Es stehet geschrieben: In eurer Geduld werdet ihr eure Seelen innehaben.‹[26] Wohingegen der Klosterbruder – ich gebe seine eigenen Worte wieder –: ›Ich zürne ja gar nicht, du Galgenstrick, oder wenigstens ich sündige damit nicht. Denn der Psalmist sagt: Zürnet und sündiget nicht.‹[27]
Schließlich wurde der Mönch von dem Kardinal höflich ermahnt, seine Aufregung zu mäßigen. ›Ach, Herr‹, sagte er, ›ich spreche nur im redlichen Eifer, wie es meine Pflicht ist. Haben doch auch heilige Männer einen redlichen Eifer gezeigt, daher das Wort: ›Der Eifer um dein Haus hat mich verzehrt.‹[28] Und singt man doch in der Kirche:

> ›Die Spötter Elisas,
> Als er schritt zum Hause Gottes,
> Bekamen den Eifer des Kahlkopfs zu spüren‹,[29]

wie ihn denn vielleicht auch dieser Spötter da, dieser Hanswurst, dieser Zotenreißer noch einmal zu spüren bekommen wird.‹ – ›In bester Meinung magst du handeln‹, erwiderte der Kardinal, ›aber mir scheint, du tätest doch vielleicht frömmer, jedenfalls aber klüger daran, wenn du dich nicht mit einem törichten und lächerlichen Menschen auf einen lächerlichen Streit einlassen wolltest.‹ – ›O nein, Herr‹, erwiderte er, ›ich täte nicht klüger daran. Hat doch sogar der weise Salomon gesagt: ›Antworte dem Narren nach seiner Narrheit‹;[30] das tue ich eben und zeige ihm die Grube, in die er fallen wird, wenn er sich nicht wohl vorsieht. Denn wenn die vielen Spötter des Elisa, der doch nur ein Kahlkopf war, den Eifer[31] des Kahlkopfes zu spüren bekamen, wieviel mehr wird ein Spötter den Zorn der zahlreichen Klosterbrüder zu spüren haben, unter denen doch viele Kahlköpfe sind! Aber außerdem haben wir ja noch die päpstliche Bulle, auf Grund deren alle, die uns auslachen, exkommuniziert werden.‹ Da merkte der Kardinal, der Streit werde kein Ende nehmen, gab dem Spaßmacher einen Wink, sich zu entfernen, und wandte das Gespräch auf einen gefälligen Gegenstand. Bald darauf erhob er sich von der Tafel, seinen Untergebenen Audienz zu erteilen, und entließ uns.

Aber o weh, lieber Morus, was ist das für eine lange Geschichte, mit der ich dir zur Last falle! Sicher, ich hätte mich ja geschämt, so breit zu werden, wenn du mich nicht so dringend gebeten und so aufmerksam gewesen wärest, als wolltest du kein Wort von jenem Gespräch verlieren. Ich mußte das alles erzählen – freilich hätte ich manchmal knapper sein dürfen –, um die Urteilsfähigkeit dieser Leute zu beleuchten: derselben Meinung, die sie aus meinem Munde mit Verachtung aufgenommen hatten, fielen sie auf der Stelle mit Eifer bei, sobald der Kardinal ihr zustimmte, ja, sie hielten sich so sklavisch an dessen Ansichten, daß sie sogar den Einfällen seines Narren, die der Herr im Scherze nicht gerade zurückwies, sich anpaßten und sie beinahe im Ernste gelten ließen. Daraus solltest du abnehmen, wie hoch ich mit meinen Ratschlägen in der Schätzung dieser Höflinge stehen würde.«

»Wirklich, lieber Raphael«, erwiderte ich, »du hast mir ein großes Vergnügen gemacht; wie klug und gefällig zugleich kam das alles heraus! Obendrein war mir unterdessen zumute, als weilte ich in der Heimat, ja gewissermaßen als wäre ich wieder jung geworden bei der Erinnerung an den Kardinal, an dessen Hofe ich als Knabe aufgewachsen bin. Du glaubst gar nicht, lieber Raphael, wieviel teurer du mir dadurch geworden bist, daß du gleichfalls das Andenken dieses Mannes so hoch in Ehren hältst – so teuer du mir auch sonst schon gewesen bist! Im übrigen kann ich bis jetzt von meiner Ansicht in keiner Weise abgehen: ich meine vielmehr, wenn du dich nur entschließen könntest, deine Scheu vor den Fürstenhöfen aufzugeben, so könntest du mit deinen Ratschlägen der Öffentlichkeit den allergrößten Nutzen stiften. Und somit ist dies deine oberste Pflicht, die Pflicht eines braven Mannes. Behauptet doch gerade dein Plato, die Staaten würden erst dann glücklich werden, wenn entweder die Philosophen Herrscher oder die Könige Philosophen seien. Wie fern muß da das Glück noch sein, wenn die Philosophen sich nicht einmal herablassen, den Königen ihren guten Rat mitzuteilen?« »Sie sind nicht so ungefällig«, erwiderte er, »daß sie das nicht ganz gern tun würden (und sie haben es ja auch schon durch die Herausgabe vieler Bücher getan), wenn nur die Inhaber der Macht bereit wären, den guten Ratschlägen zu folgen. Aber das hat auch Plato unzweifelhaft recht wohl vorausgesehen, daß die Könige niemals, es sei denn, daß sie selber Philosophie treiben, den Ratschlägen philosophierender Männer innerlich zustimmen werden (sind sie doch mit verkehrten Meinungen seit früher Jugend getränkt und davon angesteckt), was er ja am eigenen Leibe bei Dionysius erfahren hat. Glaubst du etwa, wenn ich irgendeinem Könige vernünftige Maßnahmen vorschlüge und versuchte, die verderbliche Saat übler Ratgeber bei ihm auszureißen, daß ich dann nicht augenblicklich davongejagt oder verspottet würde? Wohlan, stelle dir einmal vor, ich lebte am Hofe des Königs von Frankreich und säße in dessen Rate, während im Geheimkabinett der engsten Ratgeber, unter persönlichem Vorsitz des Königs,[32] im Kreise kluger Männer mit großem Eifer darüber verhandelt wird, welche Ränke und Machenschaften dazu dienen könnten, Mailand zu behaupten, das ewig flüchtige Neapel wieder zurückzubringen, sodann aber die venetianische Herrschaft umzustoßen und ganz Italien sich zu unterwerfen, weiterhin Flandern, Brabant, endlich ganz Burgund in französische Abhängigkeit zu bringen und außerdem noch andere Nationen, in deren Reich der König im Geiste längst weitere Einfälle verübt hat.[33] Hier rät nun der eine, mit den Venetianern ein Bündnis abzuschließen, das nur so lange dauern solle, als es für Frankreich Vorteile bietet, mit ihnen gemeinschaftliche Sache zu machen, ja auch etwa einen Teil der Beute ihnen zu überlassen, um sie ihnen wieder abzufordern, wenn alles nach Wunsch gegangen sei. Ein anderer empfiehlt, deutsche Landsknechte zu mieten, ein dritter, die Schweizer mit Geldzahlungen kirre zu machen, ein vierter, den heiligen Willen der kaiserlichen Majestät durch Gold – gleichsam als Weihgeschenk – sich gnädig zu stimmen. Wieder ein anderer schlägt vor, mit dem König von Aragonien Frieden zu schließen und ihm gewissermaßen als Handgeld dafür das Königreich Navarra abzutreten – das einem anderen gehört; unterdessen aber stimmt einer dafür, man solle den Herrscher von Kastilien durch fingierte Aussichten auf eine Verschwägerung ins Netz locken und einige seiner einflußreichen Höflinge durch feste Jahrgelder auf die Seite Frankreichs ziehen. Nun aber kommt die größte Schwierigkeit, nämlich was man bei alledem mit England anfangen soll. Immerhin müsse man Friedensverhandlungen betreiben, heißt es, und das Bündnis, da es stets unsicher bleibe, durch recht starke Bande befestigen; man solle die Engländer Freunde nennen, aber als Feinde beargwöhnen und deshalb die Schotten für jeden Fall bereit halten, gleichsam auf Posten, um sie den Engländern sofort auf den Hals zu hetzen, sobald sich diese nur ein wenig rührten. Überdies solle man einen verbannten hohen Adligen unterstützen, aber heimlich (denn es offen zu tun hindert ja das Bündnis), der Ansprüche auf den englischen Thron erhebe, gleichsam als Handhabe, um den verbündeten Fürsten im Zaum zu halten, dem man nicht trauen dürfe.

Und nun stelle dir vor, in dieser großen Staatsaktion, in der so viele hochansehnliche Männer wetteifernd ihre Ratschläge für den Krieg austauschen, da stünde ich schwaches Menschenkind auf und hieße das Ruder plötzlich herumwerfen, stimmte dafür, Italien aufzugeben, riete, daheim zu bleiben, Frankreich allein sei fast schon zu groß, um von einem einzigen Herrscher gut verwaltet zu werden, der König solle doch nicht glauben, er müsse noch auf Vergrößerung sinnen. Und dann schlüge ich ihnen etwa vor, es wie die Achorier zu machen: das ist ein Volk, dessen Land der Utopierinsel im Südosten[34] gegenüberliegt. Vor alters hatten sie Krieg geführt, um für ihren König ein fremdes Reich zu behaupten, auf das er unter Berufung auf eine alte Verwandtschaft Erbansprüche erhob; sie hatten schließlich Erfolg, sahen aber, daß die Behauptung durchaus nicht leichter war als die Eroberung, ja daß beständig Keime neuen

Wo alle Menschen alle Werte am Maßstab des Geldes messen, da wird es kaum jemals möglich sein, eine gerechte und glückliche Politik zu treiben.

Streites, bald innerer Auflehnung, bald äußerer Überfälle auf die Unterworfenen daraus hervorsproßten; daß sie daher dauernd bald für, bald gegen diese Krieg führen mußten; daß es niemals möglich war, abzurüsten, sie selber inzwischen ausgebeutet wurden, ihr Geld aus dem Lande floß, ihr Blut für fremden elenden Ruhm vergossen wurde, der Friede im Lande darum doch nicht im geringsten besser gesichert war, vielmehr die Moral im Kriege verdarb, das Räuberunwesen tiefer eindrang, die Rauflust infolge all der Metzeleien sich steigerte und die Gesetze in Verachtung gerieten, weil das Interesse des Königs, zersplittert durch die Sorge für zwei Reiche, dem einzelnen sich jetzt weniger intensiv zuwandte. Da sie nun einsahen, all diesen großen Übeln sei nicht anders abzuhelfen, faßten sie endlich einen Entschluß und ließen ihrem König in aller Ehrerbietung die Wahl, welches von beiden Reichen er behalten wolle; denn beide zu behalten sei nicht länger möglich; sie wären zu zahlreich dazu, um von einem halbierten König regiert zu werden, wie denn niemand gern seinen Maultiertreiber mit einem anderen teilen würde.[35] Und so sah sich denn dieser brave Herrscher genötigt, sein neues Reich einem seiner Freunde zu überlassen (der übrigens bald darauf gleichfalls herausgeworfen wurde) und sich mit dem alten zu begnügen. – Weiterhin würde ich darlegen, daß alle diese kriegerischen Versuche, durch die so viele Nationen um des Königs willen beunruhigt werden sollten, nach Erschöpfung seiner Kassen und Entkräftung seines Volkes durch irgendein Mißgeschick am Ende doch erfolglos ausgehen könnten, und würde deshalb raten, der König möge lieber sein ererbtes Reich pflegen und fördern nach bestem Vermögen, es so blühend wie nur möglich gestalten, seine Untertanen lieben und sich von ihnen lieben lassen, mit ihnen in Gemeinschaft leben, ein mildes Regiment führen und andere Reiche in Frieden lassen, da ja genug und übergenug ihm bisher schon zugefallen sei: Nun, lieber Morus, mit was für Ohren, meinst du, würde diese meine Rede aufgenommen werden?«

»Bei Gott, nicht mit sehr geneigten«, erwiderte ich.

»Schön«, sagte er, »fahren wir fort. Nehmen wir an, im Rate irgendeines Königs verhandelt man und zerbricht sich den Kopf, mit was für Ränken seine Kassen sich füllen ließen. Da rät einer, den Geldwert künstlich zu erhöhen, wenn der König selber Zahlungen zu leisten hat, ihn aber wieder unter das rechte Maß herunterzudrükken, wenn er Geld aufnehmen muß, so daß er einen hohen Geldwert billig abzahlt und auf niedrige Verpflichtung viel einnimmt. Ein anderer schlägt vor, einen Krieg zu fingieren, unter diesem Vorwand Geld aufzubringen, dann aber, sobald es passend scheint, Frieden zu schließen unter recht feierlichen Zeremonien und dadurch dem armen, dummen Volke vorzugaukeln, als ob der fromme Herrscher sich des Menschenblutes erbarmte.

Ein dritter bringt ihm gewisse alte, längst von den Motten angefressene und aus der Übung gekommene Gesetze in den Sinn, die sämtlich übertreten werden, weil kein Mensch sich besinnen kann, daß sie überhaupt erlassen sind: also möchte er nur die Strafgelder dafür einziehen lassen; keine Einnahmequelle werde reichlicher fließen, keine sei ehrenhafter, da ja diese Maßnahme die Maske der Gerechtigkeit zur Schau trage. Wieder einer redet ihm zu, bei hoher Geldstrafe recht vielerlei zu verbieten, besonders solche Handlungen, deren Unterlassung zum Nutzen des Volkes dient, hinterher aber gegen Geld solche Leute zu dispensieren, deren Privatvorteil das Verbot im Wege steht; so würde er sich Dank beim Volke verdienen und gleichzeitig doppelten Gewinn daraus ziehen: einmal aus der Bestrafung der Leute, die ihre Erwerbsgier in die Falle lockt, zweitens aber aus dem Verkauf des Vorrechtes an die anderen, natürlich letzteres um so teurer, je gewissenhafter der Fürst ist; denn ein guter Herrscher räumt ja nur ungern einem Privatmann Vorteile gegen die Interessen seines Volkes ein, das heißt, also nur gegen viel Geld.

Noch ein anderer sucht den König zu überreden, er müsse sich die Richter verpflichten, damit sie in jeder Streitsache für das Recht des Königs entschieden, überdies solle er sie in seinen Palast kommen lassen und einladen, in seiner Gegenwart über seine Streitsachen zu verhandeln; dann würde keiner seiner Prozesse so offensichtlich faul sein, daß nicht einer der Richter – sei es im Eifer, einem anderen zu widersprechen, oder aus Scheu, schon Gesagtes zu wiederholen, oder um beim König in Gunst zu gelangen – irgendeinen Ritz entdecken würde, in den sich die nötige Verdrehung einklemmen ließe. Wären dann erst einmal die Richter verschiedener Meinung, würde über die an sich sonnenklare Sachlage disputiert und die Wahrheit in Frage gestellt, dann böte sich dem König eine bequeme Handhabe dar, das Recht zu seinem eigenen Vorteil auszulegen; die anderen würden aus Achtung oder aus Furcht schon beitreten. Und so wird dann später unbedenklich das Urteil vom Gerichtshof gesprochen, denn es kann ja gar nicht an einem Vorwand für ein dem Könige günstiges Urteil fehlen: genügt es doch, daß entweder die Billigkeit dafür spricht oder der Wortlaut des Gesetzes[36] oder die gewundene Auslegung des Sinnes eines Schriftstückes oder endlich, was bei einem gewissenhaften Richter alle Gesetzesbedenken überwiegt, das nicht weiter zu erörternde Vorrecht des Landesherrn. Kurzum: alle Ratgeber stimmen überein und wirken zusammen im Sinne jener Worte des Crassus, kein Haufen Goldes sei zu groß für einen Fürsten, der eine Armee unterhalten muß; ja, sie meinen, ein König könne gar nicht Unrecht tun, wenn er's gleich noch so sehr wünsche, da ja alles Eigentum aller Untertanen und sogar diese selber ihm gehören, jeder einzelne also nur so viel sein eigen nennen darf, als die Gnade des Königs ihm noch nicht weggenommen hat; dem Fürsten aber müsse viel daran liegen, daß dieser verbleibende Rest so gering als möglich sei; beruhe doch seine Sicherheit darauf, daß nicht das Volk übermütig werde durch Reichtum und Freiheit, die beide nicht gerade dazu dienen, eine harte und ungerechte Herrschaft geduldig ertragen zu lassen, während hingegen Armut und Elend das Gemüt abstumpft, geduldig macht und den bedrückten Untertanen den freien, ritterlichen Geist der Empörung austreibt.

Nun stelle dir wieder vor, jetzt stünde ich auf und behauptete, alle diese Vorschläge seien für den König nicht ehrenhaft, ja verhängnisvoll; nicht bloß seine Ehre, sondern auch seine Sicherheit beruhe viel mehr auf dem Vermögen seines Volkes als auf seinem eigenen. Ich würde darlegen, daß die Untertanen sich einen König wählen in ihrem eigenen, nicht in des Königs Interesse, nämlich um selber, dank seiner eifrigen Bemühungen, ein ungestörtes und vor Gewalttat geschütztes Leben zu führen; und deshalb sei es Pflicht des Fürsten, mehr für seines Volkes Wohlergehen als für das eigene zu sorgen, genauso wie es Pflicht des Hirten ist, lieber seinen Schafen als sich selber Nahrung zu schaffen, sofern er ein rechter Schäfer ist.[37] Zeigt doch schon die Erfahrung, daß die Meinung, des Volkes Armut sei ein guter Schutz der monarchischen Ordnung, gänzlich in die Irre führt. Wo findet sich denn mehr Gezänk als unter den Bettlern? Wer sinnt wohl eifriger auf Umsturz als der, dem seine gegenwärtigen Lebensumstände so gar nicht gefallen können? Und wen drängt stürmischer die Hoffnung vorwärts, im allgemeinen Drunter und Drüber irgendwie im Trüben zu fischen, als den, der nichts mehr zu verlieren hat? Sollte aber wirklich ein König so sehr in Verachtung stehen oder seinen Untertanen so verhaßt sein, daß er sie nicht anders in Ordnung halten kann, als indem er mit Mißhandlungen, Ausplünderung und Vergewaltigung gegen sie wütet und sie an den Bettelstab bringt – wahrhaftig, dann sollte er doch lieber auf die Krone verzichten, als sie mit solchen Künsten behaupten; die mögen ihm den Namen der Herrschaft retten – ihre Majestät verliert er ganz gewiß. Oder ist es etwa eines Königs würdig, über Bettler zu regieren und nicht vielmehr über wohlhabende und glückliche Menschen? Eben dies meinte sicherlich auch Fabricius, der stolze und vornehm denkende Römer, wenn er äußerte, er wolle lieber über reiche Leute herrschen als selber reich sein.[38] Und in der Tat: als einzelner in Vergnügen und Genüssen schwimmen, während ringsumher alle anderen zu stöhnen und zu jammern haben, das heißt nicht König, sondern Kerkermeister sein!

Kurzum: so wie der ein ganz unerfahrener Arzt ist, der eine Krankheit nur durch eine andere zu heilen weiß, so soll nur jeder, der keine andere Methode kennt, das Leben der Staatsbürger ins rechte Geleis zu bringen, als durch Vernichtung aller Lebenswerte, ruhig eingestehen, daß er nicht über freie Menschen zu herrschen versteht. Ei, so soll er doch lieber seine Faulheit oder seinen Hochmut aufgeben! Das sind ja gewöhlich die Laster, die ihn dem Volke verächtlich oder verhaßt machen. Er soll rechtschaffen von seinem Einkommen leben und die Ausgaben den Einnahmen anpassen, die Verbrechen einzuschränken suchen, aber lieber ihnen durch geschickte Maßnahmen vorbeugen, als sie erst anwachsen lassen und nachher bestrafen. Gewohnheitsmäßig außer Übung gekommene Gesetze soll er nicht aufs Geratewohl erneuern, am wenigsten längst verschollene, nach denen kein Mensch zurückverlangt,[39] und soll auch keine Buße auf Grund solcher veralteten Bestimmungen erheben; würde doch auch der Richter jedem Privatmann derartige Einnahmen als unbillig und unlauter verbieten!

Weiterhin würde ich jenen Ratgebern die Verfassungsbestimmung der Makarenser vorhalten (gleichfalls ein Volk in der Nähe von Utopia), nach der ihr König gleich am Tage seiner Thronbesteigung unter feierlichen Zeremonien eidlich verpflichtet wird, niemals auf einmal mehr als tausend Pfund Gold oder den entsprechenden Gegenwert in Silber in seinen Kassen zu halten. Diese Bestimmung soll von einem vortrefflichen Könige eingeführt sein, dem mehr die Sorge für sein Land als für sein Privatvermögen am Herzen lag, als Hemmnis gegen die Anhäufung von so viel Geld, daß daraus ein Geldmangel im Volke entstehen könnte. Denn er sah ein, daß diese Summe genügen müsse: dem Monarchen zum Kampfe gegen Rebellen, der Monarchie zur Abwehr feindlicher Angriffe – aber doch nicht dazu genügen würde, den Herrscher zum Angriff auf fremde Staaten zu ermuntern. Das war der Hauptgrund für den Erlaß dieses Gesetzes; ein weiterer Grund aber war, auf diese Weise Vorsorge zu treffen, daß nicht Mangel an täglich umlaufenden

Zahlungsmitteln eintreten könnte; auch rechnete er darauf, wenn der König doch einmal ausgeben müsse, was über das gesetzliche Maß hinaus dem Staatsschatz zuwächst, werde er keine Gelegenheit zu Erpressungen suchen. Ein solcher König in der Tat wird die Bösen schrecken und die Liebe der Guten ernten! Nimm also an, ich würde dies alles und mehr dergleichen Leuten aufzudrängen suchen, die mit Entschlossenheit auf das Gegenteil hinauswollen: welch tauben Ohren würde ich predigen!«

»Stocktauben«, rief ich, »unzweifelhaft! Aber das ist auch kein Wunder, und – um die Wahrheit zu sagen – ich halte es auch nicht für richtig, derartige Reden zu halten und solche Ratschläge zu geben, von denen du sicher bist, daß sie kein Gehör finden werden! Was für Nutzen könnte denn eine so unerhörte Predigt stiften, oder wie sollte sie überhaupt Leuten eingehen, in deren Kopfe eine gänzlich andere Überzeugung vorherbestand und längst festsitzt? Unter lieben Freunden, im vertraulichen Gespräch ist solche akademische Spekulation[40] ja ganz schön; aber im Rate der Fürsten, wo schwerwiegende Fragen mit gewichtiger Autorität verhandelt werden, ist für solche Dinge kein Platz.« – »Sagte ich's doch!« rief er. »An Fürstenhöfen ist kein Platz für die Philosophie!« – »Gewiß«, erwiderte ich, »es ist wahr: nicht für diese doktrinäre Art, die da meint, jeder beliebige Satz sei überall anwendbar; aber es gibt noch eine andere, mehr weltläufige Art von Philosophie,[41] die den Schauplatz ihres Auftretens kennt, sich ihm anzupassen und ihre Rolle in dem Stücke, das gerade agiert wird, gefällig und mit Anstand zu spielen weiß: an diese mußt du dich halten. Oder wie wäre es, wenn du etwa in einer Komödie des Plautus, während die Hausklaven gerade miteinander Possen reißen, im Gewande des Philosophen auf die Bühne vortreten und eine Stelle aus der Oktavia vortragen wolltest, in der Seneca mit Nero disputiert – wäre es da nicht besser, du spieltest eine stumme Person, als durch deine sonderbare Deklamation eine solche Tragikomödie anzurichten? Du würdest ja das aufgeführte Stück verderben und durch-

einanderbringen, indem du Verschiedenartiges miteinander vermengst, mag dein Beitrag auch der wertvollste sein. Was für ein Stück nun gerade über die Bühne geht, das mußt du mitspielen und nicht das Ganze in Unordnung bringen bloß deshalb, weil du dir etwas Hübscheres von einem anderen Autor in den Kopf gesetzt hast!
So ist es nun einmal im Staate und so im Rate der Fürsten! Kannst du verkehrte Meinungen nicht gleich mit der Wurzel ausreißen und vermagst du herkömmlich eingewurzelte Übel nicht nach deiner innersten Überzeugung zu heilen, so darfst du deshalb doch nicht gleich den Staat im Stiche lassen und im Sturm das Schiff nicht deshalb preisgeben, weil du den Winden nicht Einhalt gebieten kannst! Du mußt auch nicht den Menschen eine ungewohnte und maßlose Rede mit Gewalt aufdrängen, die ja doch, wie du weißt, bei Andersdenkenden kein Gewicht haben kann, sondern es lieber auf Umwegen versuchen, dich bemühen, nach besten Kräften alles recht geschickt zu behandeln, und was du nicht zum Guten wenden kannst, wenigstens vor dem Schlimmsten zu bewahren. Denn es ist ausgeschlossen, daß alle Verhältnisse gut sind, solange nicht alle Menschen gut sind, worauf wir ja wohl noch eine hübsche Reihe von Jahren werden warten müssen.«
»Auf diesem Wege«, meinte er, »käme nichts anderes zustande, als daß ich, während ich die Tollheit anderer Leute zu heilen versuchte, selber mit ihnen toll würde. Denn es ist nicht anders: will ich die Wahrheit reden, so muß ich einmal so reden: ob dagegen Unwahrhaftigkeit eines Philosophen würdig ist, weiß ich nicht – meine Sache ist es jedenfalls nicht. Es ist schon möglich, daß meine Rede jenen Leuten vielleicht unwillkommen und lästig sein würde; ich sehe aber doch nicht ein, weshalb sie ihnen denn gar so unerhört, bis zur Unschicklichkeit, dünken müßte? Gewiß, wenn ich etwa das vorbrächte, was Plato in seinem ›Staate‹ fingiert, oder das, was die Utopier in Wirklichkeit tun, so möchte das, obgleich es an sich das Bessere wäre – das ist es wirklich –, doch sonderbar erschei-

nen, weil es hierzulande Privateigentum der einzelnen gibt, dort aber alles Gemeinbesitz ist.

Aber steht es denn so mit meiner Rede? Abgesehen davon, daß den Leuten, die nun einmal auf anderem Wege blindlings vorwärtsstürzen wollen, freilich ein Mann nicht angenehm sein kann, der sie zurückruft und vor Gefahren warnt – was enthält sie denn sonst, das nicht überall gesagt werden sollte oder müßte? Ja, wenn man freilich alles als unerhört und absurd beiseite lassen müßte, was menschliche Unnatur als seltsam erscheinen läßt, dann müßten wir unter den Christen fast alles geheimhalten, was Christus gelehrt und uns so entschieden zu verleugnen verboten hat, daß er umgekehrt sogar gebot, das, was er selber seinen Jüngern nur ins Ohr geflüstert hatte, öffentlich von den Dächern zu predigen.[42] Weicht doch der größte Teil dieser Lehre weit stärker von unseren heutigen Sitten ab als meine Rede; nur daß freilich die Prediger, schlau wie sie sind, deinen Rat, wie mir scheint, befolgt haben; als sie nämlich sahen, daß die Menschen sich in ihrem Verhalten so ungern nach der Vorschrift Christi richteten, paßten sie seine Lehre an die einmal vorhandenen Sitten an, als wäre sie ein biegsames Richtmaß aus Blei, damit Lehre und Leben nur einigermaßen zusammenstimmen sollten. Ich sehe aber nicht, daß daraus irgendein Nutzen entstanden wäre, außer daß es der Bosheit damit leichter gemacht ist. Und ganz gewiß würde ich selber ebensowenig Nutzen stiften im Rate der Fürsten. Entweder würde ich nämlich meine abweichende Meinung äußern (und das wäre ebenso wirksam, als wenn ich gar nichts äußerte) oder aber eine zustimmende, und damit würde ich der Helfershelfer, wie Mitio bei Terenz sagt,[43] ihres Wahnsinns. Denn was jenen Umweg anlangt, von dem du sprichst, so sehe ich nicht ein, was er soll; du meinst, man müsse so zu erreichen suchen, daß die Verhältnisse, wenn man sie einmal nicht von Grund auf reformieren kann, wenigstens vernünftig behandelt werden und sich, soweit das geht, möglichst wenig übel gestalten. Nein, hier ist Vertuschen nicht am Platz, hier heißt es nicht, die Augen zudrücken:

*Die Hennen brüten ihre Eier nicht selbst aus;
vielmehr setzt man diese in großer Zahl einer gleichmäßigen Wärme aus,
bringt sie dadurch zum Leben und zieht die Kücken auf.
Sobald diese aus der Schale schlüpfen, laufen sie den Menschen wie ihren
Hennenmüttern nach und betrachten sie als solche.*

die erbärmlichsten Ratschläge sollen offen gebilligt, die abscheulichsten Verfügungen unterschrieben werden; wer es da fertig brächte, so böswillige Beschlüsse mit Hintergedanken doch gutzuheißen, wäre einem unehrlichen Gesellen, ja fast einem Hochverräter gleichzuachten.

Überdies findet sich gar keine Gelegenheit, etwas Nützliches auszurichten, wenn man erst einmal unter diese Art von Amtsgenossen geraten ist, die ja eher selbst den besten Mann anstecken werden, als sich durch ihn bessern lassen. Der Umgang mit diesen verdorbenen Menschen wird dich verführen oder, wenn du auch für deine Person reine Hände und ein gutes Gewissen behältst, wirst du doch fremder Bosheit und Dummheit zum Deckmantel dienen – es fehlt also gar viel daran, daß du mit deiner Methode des Umweges irgend etwas zum Besseren wenden könntest.

Deshalb erklärt auch Plato mit einem wunderschönen Gleichnis,[44] warum von Rechts wegen die Weisen sich fernhalten sollten von Staatsgeschäften: sie sehen da, wie die Leute in Scharen auf der Straße beständig von Regenschauern durchnäßt werden, können sie aber nicht dazu bringen, dem Regen auszuweichen und unter Dach und Fach zu gehen; so bleiben sie wenigstens selber im Hause in der Erkenntnis, daß es doch nichts nützen würde, hinauszugehen, außer daß sie selber mit angeregnet würden, und sind also zufrieden damit, wenigstens selber im Trockenen zu sitzen, wenn sie schon fremder Dummheit nicht abhelfen können.

Freilich, mein lieber Morus, wenn ich dir meine letzte Überzeugung offen sagen soll, so dünkt mich in der Tat: wo es noch Privatbesitz gibt, wo alle Menschen alle Werte am Maßstab des Geldes messen, da wird es kaum jemals möglich sein, eine gerechte und glückliche Politik zu treiben. Du müßtest es denn für einen gerechten Zustand halten, wenn immer der beste Teil den Schlechtesten zufällt, oder für ein Glück, wenn aller Besitz unter ganz wenige verteilt wird, und auch die nicht einmal in jeder Hinsicht gut daran sind, die anderen aber vollends im Elend stecken.

So erwäge ich denn oft bei mir die klugen, ja verehrungswürdigen Einrichtungen des Staates der Utopier, die so wenige Gesetze und dabei eine so vorzügliche Verfassung haben, daß der Tüchtige auf Lohn rechnen darf und doch, infolge gleichmäßiger Verteilung des Besitzes, alle einzelnen an allen Lebensgütern Überfluß haben. Und dann vergleiche ich (im Gegensatz dazu) mit ihren Gebräuchen so und so viele andere Nationen, die immerfort neue Ordnungen schaffen, und doch kommt niemals auch nur eine von ihnen recht in Ordnung. Bei denen nennt jeder sein Privateigentum, was er erworben hat; aber so viele Gesetze auch Tag für Tag erlassen werden, sie genügen alle nicht, um jedem den Erwerb oder den Schutz oder auch nur die hinreichend genaue Unterscheidung dessen zu sichern, was jeder sein eigen im Unterschied von fremdem Gute nennt, wie es alle jene unzähligen, stets von neuem entstehenden und niemals endenden Streitigkeiten um Hab und Gut deutlich zeigen. Kurzum, wenn ich das alles so bei mir betrachte, werde ich dem Plato doch besser gerecht und wundere mich nicht mehr so sehr, daß er es verschmäht hat, solchen Leuten überhaupt noch Gesetze zu geben, die sich gegen gesetzliche gleichmäßige Verteilung aller Lebensgüter auf alle Staatsbürger sträubten.[45] Denn das hat dieser tiefe Denker ohne weiteres gesehen, daß nur ein einziger Weg zum Wohle des Staates führe: die Verkündigung der Gleichheit des Besitzes, die doch wohl niemals durchgeführt werden kann, wo die einzelnen noch Privateigentum besitzen. Denn solange jeder auf Grund gewisser Rechtsansprüche, soviel er nur kann, an sich zieht, mag die Menge der vorhandenen Güter noch so groß sein, sie wird doch nur unter wenige aufgeteilt, und für die übrigen bleibt Not und Entbehrung. Dabei kommt es gewöhnlich so, daß die einen gerade das Los der anderen verdient hätten; während nämlich die ersteren raubgierige, ruchlose und nichtsnutzige Menschen sind, pflegen die letzteren anspruchslose und schlichte Männer zu sein, die durch ihre fleißige Tagesarbeit mehr für das öffentliche als für das eigene Wohl wirken.

So bin ich denn fest überzeugt, daß der Besitz durchaus nicht auf irgendeine billige oder gerechte Weise verteilt und überhaupt das Glück der Sterblichen nicht begründet werden kann, solange nicht vorher das Eigentum aufgehoben ist; solange es bestehenbleibt, wird vielmehr auf dem weitaus größten und weitaus besten Teil der Menschheit Armut, Plackerei und Sorgen als eine unentrinnbare Bürde weiter lasten; sie mag – das gebe ich zu – ein wenig erleichtert werden können; sie gänzlich zu beseitigen – behaupte ich – ist unmöglich. Man könnte ja etwa festsetzen, niemand solle über ein bestimmtes Maß hinaus Land besitzen, oder eine gesetzliche Grenze für Geldvermögen festlegen, man könnte gesetzlich bestimmen, daß der Fürst nicht zu mächtig, das Volk nicht zu anmaßend werden dürfe, ferner daß die Staatsämter nicht nach persönlichen Rücksichten und nicht käuflich vergeben und keine unnützen Aufwendungen in ihnen gefordert werden dürfen; andernfalls pflegt nämlich die Versuchung zu entstehen, das dafür aufgewandte Geld durch Trug und Erpressung wieder einzubringen, und man ist deshalb genötigt, diese Stellen mit reichen Leuten zu besetzen, statt sie durch möglichst geeignete Beamte verwalten zu lassen. Kurzum, durch solche Gesetze lassen sich wohl die besprochenen Übelstände abschwächen und mildern, ähnlich wie man einem siechen Körper durch ständige Zufuhr von Linderungsmitteln in seiner jammervollen Gesundheit nachzuhelfen pflegt; aber daß diese Übelstände geheilt werden und ein erfreulicher Zustand eintreten könnte, darauf ist durchaus keine Hoffnung, solange jeder sein Privateigentum besitzt. Während man nämlich auf der einen Seite zu heilen sucht, verschlimmert man die Wunde auf der anderen, und so entsteht abwechselnd aus der Heilung des einen die Krankheit des anderen, weil ja keinem etwas zugelegt werden kann, ohne es einem anderen wegzunehmen.«

»Aber im Gegenteil!« erwiderte ich. »Mir scheint umgekehrt, daß eine vernünftige Lebensordnung niemals dort möglich ist, wo Gütergemeinschaft besteht. Wie soll denn die Menge der Güter ausreichen, wenn jeder sich von der Arbeit drückt, weil ihn ja kein Erwerbstrieb mehr anspornt und jeder so im Vertrauen auf den Fleiß anderer Leute faul wird? Aber selbst wenn die Not die Menschen zur Arbeit stacheln sollte, muß nicht beständig Mord und Aufruhr drohen, wenn jede gesetzliche Handhabe fehlt, um das Selbsterworbene als Eigentum zu schützen? Vor allem aber: wenn erst einmal die Autorität der Obrigkeit und der Respekt vor ihr verschwunden ist, welche Autorität dann überhaupt noch ihre Stelle finden soll unter Menschen, zwischen denen keinerlei Unterschied besteht, das kann ich mir nicht einmal vorstellen!« – »Es wundert mich nicht«, erwiderte er, »daß du so denkst; du kannst dir ja auch kein Bild davon machen oder nur ein falsches. Aber wärest du mit mir in Utopien gewesen und hättest mit eigenen Augen die dortigen Sitten und Einrichtungen gesehen, wie ich, der ich über fünf Jahre dort gelebt habe und gar nicht wieder hätte fortgehen mögen, außer um diese neue Welt hierzulande bekannt zu machen, dann würdest du ohne weiteres zugeben, nirgends anderswo ein wohl regiertes Volk gesehen zu haben außer dort.«

»Ei wahrhaftig«, rief Peter Aegidius, »es soll dir doch schwerfallen, mich zu überzeugen, in jener neuen Welt sei ein besser regiertes Volk zu finden als hier in unserer alten, wohlbekannten; gibt es doch hier kluge Köpfe von nicht geringerem Rang, und das Staatsleben ist hier, vermute ich, älter als dort, so daß unsere meisten Kulturgüter altbewährtem Brauch entstammen, ganz abgesehen davon, daß manches bei uns durch Zufall entdeckt ist, was kein Scharfsinn auszudenken hingereicht hätte.«

»Was das Alter der Staaten anlangt«, erwiderte er, »so würdest du darüber richtiger urteilen, wenn du die Geschichtswerke jenes Weltteils gelesen hättest. Darf man denen Glauben schenken, so hat es bei jenen Völkern früher Städte gegeben als Menschen bei uns. Was aber bis heute der Scharfsinn erfunden oder der Zufall entdeckt hat, das mag es dort wie hier gegeben haben. Im übrigen bin ich fest überzeugt: wir mögen diesen Völkern an geistigen

Gaben voraus sein, an Lerneifer und Fleiß bleiben wir weit hinter ihnen zurück. Sie hatten nämlich vor unserer Landung, wie aus ihren Chroniken hervorgeht, von der Kultur unseres Erdteils (den sie den ›Ultraäquinoktialen‹ nennen) niemals etwas gehört, außer daß einmal vor zwölfhundert Jahren ein Schiff in der Nähe der Insel Utopia Schiffbruch erlitt, das der Sturm dorthin verschlagen hatte. Dabei wurden ein paar Römer und Ägypter an ihrer Küste angetrieben, die später nicht wieder fortgingen.

Und nun beachte, welchen Nutzen die fleißigen Leute aus dieser einzigen Gelegenheit gezogen haben! Es gab in der Tat keine irgendwie nützliche Kunstfertigkeit im ganzen Römerreiche, die sie nicht von den gestrandeten Fremdlingen erlernt oder auf Grund der erhaltenen Auskunft selbständig erfunden hätten; so wertvoll war es für sie, daß nur einmal ein paar Menschen von hier dorthin verschlagen wurden! Sollte dagegen ein ähnlicher glücklicher Zufall früher einmal jemanden von dort zu uns herübergetrieben haben, so ist das heute ebenso vollständig vergessen, wie es vielleicht auch späteren Geschlechtern einmal aus dem Gedächtnis schwinden wird, daß ich jemals drüben war. Und während die Utopier schon nach der ersten und einzigen Berührung mit uns sich alle unsere nützlichen Erfindungen zu eigen machten, wird es, fürchte ich, lange dauern, bis wir irgendeine Einrichtung übernehmen, die bei ihnen besser ist als bei uns. Das halte ich denn auch für die Hauptursache, warum ihr Staatswesen klüger regiert wird und glücklicher aufblüht als das unsere, obschon wir doch weder an Begabung noch an Reichtum hinter ihnen zurückstehen.«

»Nun denn, mein lieber Raphael«, sagte ich, »so bitte ich dich recht dringend, gib uns eine Beschreibung der Insel und sei nicht kurz dabei, sondern erläutere uns der Reihe nach Landschaft, Flüsse, Städte, Menschen, Sitten, Einrichtungen, Gesetze, kurz alles, was uns nach deiner Meinung interessieren kann; und du darfst glauben, daß uns alles bisher Unbekannte interessieren wird.« – »Nichts täte ich lieber!« erwiderte er. »Ich habe das ja frisch im Gedächtnis.

Aber die Sache erfordert viel Zeit.« – »Dann laß uns inzwischen zu Tische gehen; nachher nehmen wir uns dann Zeit, soviel wir wollen.« – »Schön«, sagte er, »einverstanden!« Und so gingen wir hinein zum Essen.

Nach Tische aber kehrten wir auf den alten Platz zurück und ließen uns auf derselben Bank nieder. Den Dienern befahl ich, jede Störung von uns fernzuhalten, und dann mahnten Peter Aegidius und ich den Raphael an sein Versprechen. Als er uns aber so gespannt und begierig sah, ihm zuzuhören, saß er erst eine Weile schweigend und nachdenklich da und fing dann folgendermaßen an.

Zweites Buch
REDE DES RAPHAEL HYTHLODEUS
ÜBER DIE BESTE STAATSVERFASSUNG

VON THOMAS MORUS

»Die Insel der Utopier dehnt sich in der Mitte (da ist sie am breitesten) auf zweihundert Meilen aus und wird auf lange Strecken nicht viel schmäler; nach den beiden Enden hin nimmt die Breite allmählich ab. Diese Enden, gewissermaßen durch einen Kreisbogen von fünfhundert Meilen Umfang umschrieben, geben der ganzen Insel die Gestalt des zunehmenden Mondes. Zwischen dessen Hörnern bildet das Meer eine ungefähr elf Meilen breite Bucht; diese gewaltige Wasserfläche, rings von Land umgeben und so vor Winden geschützt, mehr stagnierend nach Art eines ungeheueren Sees als stürmisch bewegt, macht fast die ganze innere Ausbuchtung des Landes zu einem Hafen und trägt die Schiffe zum großen Nutzen der Bewohner nach allen Himmelsrichtungen. Die Einfahrt ist auf der einen Seite durch Untiefen, auf der anderen durch Felsenklippen gefährdet. In der Mitte erhebt sich ein einzelnes Felsenriff, das aber ungefährlich ist; darauf steht ein Turm mit einer Besatzung; die übrigen Klippen sind nicht sichtbar und bilden so eine heimtückische Gefahr. Die Fahrstraßen sind den Utopiern allein bekannt, und so kommt es nicht leicht vor, daß ein Ausländer in diese Bucht ohne Lotsen aus Utopia eindringt; könnten sie doch selber kaum ungefährdet einlaufen, wenn nicht gewisse Seezeichen vom Strande aus der Fahrt die Richtung wiesen. Durch einfache Verschiebung dieser Marken würden sie mühelos jede noch so große feindliche Flotte ins Verderben locken. Auch auf der anderen Seite gibt es gut besuchte Häfen. Aber überall ist der Zugang zum Lande durch Natur oder Kunst so stark befestigt, daß selbst gewaltige Truppenmassen von wenigen Verteidigern abgewiesen werden können.

Übrigens war dieses Land, wie berichtet wird und wie der Augenschein deutlich zeigt, in alter Zeit noch nicht rings vom Meere umgeben. Vielmehr hat erst Utopus – der als Sieger der Insel seinen Namen gegeben hat (denn vordem hieß sie Abraxa) und der den rohen und unkultivierten Volksstamm zu der Kultur und Gesittung erst angeleitet hat, die ihn heute vor den meisten Völkern der Erde auszeichnen – das Land zur Insel gemacht. Sobald er nämlich, kaum dort gelandet, Sieger geworden war, ließ er fünfzehn Meilen Landes auf der Seite, wo die Halbinsel mit dem Festland zusammenhing, ausstechen und führte so das Meer ringsherum. Da er zur Beteiligung an diesem Werke nicht nur die Einwohner zwang, sondern alle seine Soldaten hinzuzog, damit die Arbeit nicht als Schmach empfunden würde, verteilte sich das Werk auf eine große Menge Menschen und wurde so mit unglaublicher Schnelligkeit fertiggestellt, so daß der Erfolg bei den Nachbarn, die anfangs über ein so aussichtsloses Unternehmen gelacht hatten, Bewunderung und Bestürzung weckte.

Die Insel hat vierundfünfzig Städte,[1] alle geräumig und prächtig, in Sprache, Sitten, Einrichtungen, Gesetzen genau übereinstimmend. Sie haben alle dieselbe Anlage und, soweit das die lokalen Verhältnisse gestatten, dasselbe Aussehen. Die einander am nächsten benachbarten liegen immer noch vierundzwanzig Meilen auseinander, und wiederum liegt keine so einsam, daß man nicht von ihr zu Fuß in einem Tagemarsch die nächste Stadt erreichen könnte.

Aus jeder Stadt kommen drei ältere, erfahrene Bürger jährlich zur Beratung über gemeinsame Angelegenheiten des Inselreiches in Amaurotum zusammen. Denn diese Stadt, gleichsam im Herzen[2] des Landes und darum für die Abgeordneten aller Landesteile am günstigsten gelegen, gilt als die erste und Hauptstadt. Das Ackerland ist den Städten planmäßig zugeteilt, und zwar so, daß eine jede auf keiner Seite weniger als zwölf Meilen Anbaufläche besitzt, auf manchen Seiten aber noch mehr, nämlich da, wo die Städte weiter auseinanderliegen. Keine Stadt verlangt danach, ihr Gebiet zu erweitern; sie empfinden sich eben mehr als Anbauer denn als Herren ihres Besitzes.

Auf dem Lande besitzen sie Höfe, planmäßig über die ganze Anbaufläche verteilt und mit landwirtschaftlichen Geräten versehen; dort wohnen Bürger, die abwechselnd dorthin ziehen. Kein ländlicher Haushalt zählt an Männern und Frauen weniger als vierzig Köpfe, außerdem zwei an die Scholle gebundene Hörige.[3] Hausvater und Hausmutter, gesetzte und gereifte Personen, bilden den Haushaltsvorstand; an der Spitze von je dreißig Haushaltungen steht ein Phylarch. Aus jedem Haushalt wandern jährlich zwanzig Personen in die Stadt zurück, nämlich die, welche zwei Jahre auf dem Lande zugebracht haben; an ihre Stelle rücken ebenso viele aus der Stadt nach. Sie werden dann von denen, die bereits ein Jahr draußen waren und deshalb mehr Erfahrung besitzen, angelernt, um ihrerseits im folgenden Jahre wieder anderen Anweisungen zu geben, damit nicht alle zugleich dort Neulinge sind, die von der Landwirtschaft nichts verstehen, und so die Versorgung mit Lebensmitteln nicht unter ihrem Mangel an Sachkunde leidet. Diese Sitte, die Ackerbauer wechseln zu lassen, ist zwar die gewöhnliche, weil niemand gegen seinen Willen gezwungen sein soll, das mühsame Dasein auf dem Lande längere Zeit fortzusetzen, doch gibt es viele, denen das ländliche Leben von Natur Freude macht und die deshalb auf ihre Bitte längere Jahre draußen bleiben dürfen. Die Ackerbauer bestellen das Land, züchten Vieh, schlagen Holz und fahren es ja nach Gelegenheit zu Lande oder zu Wasser in die Stadt. Hühner ziehen sie in gewaltiger Menge auf, und zwar mit Hilfe einer erstaunlichen Vorrichtung. Die Hennen brüten nämlich ihre Eier nicht selbst aus; vielmehr setzt man diese in großer Zahl einer gleichmäßigen Wärme aus, bringt sie dadurch zum Leben und zieht die Kücken auf.[4] Sobald diese aus der Schale schlüpfen, laufen sie den Menschen wie ihren Hennenmüttern nach und betrachten sie als solche.

Pferde ziehen sie überaus wenige auf, und nur eine sehr feurige Rasse, und zu keinem anderen Zweck, als um die Jugend in Reitkünsten zu üben. Denn alle Arbeit am Pfluge und im Gespann verrichten die Ochsen, die – wie sie zugeben – weniger Feuer als die Pferde, aber dafür nach ihrer Meinung mehr Ausdauer haben und nicht so anfällig sind für Krankheiten, überdies mit geringerem Aufwand an Mühe und Kosten unterhalten werden und zu guter Letzt, wenn sie ausgedient haben, noch als Braten sich nützlich machen.[5]

Getreide bauen sie nur als Brotfrucht. Denn als Getränk dient ihnen ausschließlich Wein von Trauben, Äpfeln oder Birnen und Wasser, das sie manchmal ungemischt genießen, oft aber auch mit Honig oder Süßholz verkocht, das in großer Menge dort vorkommt. Obwohl sie ermittelt haben – und sie wissen es ganz genau –, wie viele Lebensmittel die Stadt und ihre Umgebung verbraucht, säen sie doch viel mehr aus, ziehen auch mehr Vieh auf, als für ihren Eigenbedarf genügen würde, um den Überschuß an ihre Nachbarn abzugeben. Was sie an Geräten brauchen, die auf dem Lande nicht zu haben sind, fordern sie alles in der Stadt an und erhalten es ohne alles Entgelt von den städtischen Behörden, und zwar ohne Mühe. Denn die meisten von ihnen kommen ohnedies allmonatlich zum Festtag in der Stadt zusammen. Wenn die Ernte bevorsteht, melden die Phylarchen der Ackerbauer den städtischen Behörden, wie viele Bürger ihnen zugeschickt werden sollen. Diese Anzahl trifft dann am bestimmten Tage rechtzeitig als Erntehelfer ein, und so wird bei schönem Wetter so ziemlich an einem Tage die ganze Ernte eingebracht.

Von den Städten (namentlich Amaurotum) Wer eine Stadt kennt, kennt sie alle: so völlig ähnlich sind sie untereinander, soweit nicht die Örtlichkeit Abweichungen bedingt. Ich will deshalb irgendeine schildern, denn es kommt wirklich nicht viel darauf an, welche. Aber welche lieber als Amaurotum? Ist sie doch die angesehenste, da ihr die anderen den Vorzug der Residenz des Senates verliehen haben, und ist mir doch keine besser bekannt, da ich fünf Jahre nacheinander dort gelebt habe!

Amaurotum[6] also liegt an einer sanften Berglehne, auf beinahe quadratischem Grundriß. Denn in voller Breite beginnt sie kurz unterhalb des Hügelkammes und erreicht nach zwei Meilen den Fluß Anydrus, am Ufer entlang ein wenig länger hingestreckt.

Der Anydrus[7] entspringt achtzig Meilen oberhalb von Amaurotum aus unbedeutender Quelle, verstärkt sich aber dann durch den Zufluß anderer Wasserläufe, darunter zweier mittelgroßer Nebenflüsse, und erreicht oberhalb der Stadt eine Breite von einer halben Meile; bald darauf nimmt er noch zu und ergießt sich nach weiteren sechzig Meilen in den Ozean. Auf dieser ganzen Strecke zwischen der Stadt und dem Meere, und sogar noch wenige Meilen oberhalb der Stadt macht sich der sechsstündige Wechsel von Flut und Ebbe in der Strömung des Flusses bemerkbar. Wenn die Seeflut dreißig Meilen tief eindringt, füllt sie das ganze Bett des Anydrus mit ihren Wellen und drängt den Fluß zurück. Sie durchsetzt dann sein Wasser noch ein ganzes Stück weiter hinauf mit ihrem Salzgeschmack; von da ab wird allmählich das Flußwasser wieder süß, durchströmt klar die Stadt und drängt bei Ebbe wiederum rein und unvermischt fast bis zur Mündung nach.

Die Stadt ist mit dem gegenüberliegenden Ufer nicht durch hölzerne Pfeiler und Balken, sondern durch eine herrlich gewölbte Steinbrücke verbunden, und zwar auf der Seite, die vom Meere am weitesten abliegt, damit die Schiffe die ganze Stadt entlang ungehindert vorüberfahren können. Sie haben übrigens dort noch einen anderen Fluß, nicht gerade bedeutend, aber von überaus sanftem und wohlgefälligem Lauf.[8] Er entspringt nämlich auf demselben Hügel, auf dem die Stadt liegt, fließt mitten durch sie hindurch und mündet in den Anydrus. Oberlauf und Quelle dieses Flusses haben die Amaurotaner, weil er etwas außerhalb der Stadt entspringt, mit

Befestigungen umgeben und mit der Stadt verbunden, damit das Wasser nicht im Falle des Einbruches einer feindlichen Macht abgeschnitten und abgelenkt oder verdorben werden kann. Von da wird das Wasser in gemauerten Backsteinkanälen in verschiedenen Richtungen zu den unteren Stadtteilen geleitet. Nur wo das aus örtlichen Gründen nicht möglich ist, wird das Regenwasser in geräumigen Zisternen gesammelt und leistet denselben Dienst.

Eine hohe und breite Mauer umgibt die Stadt, mit zahlreichen Türmen und Bollwerken. Ein trockener, aber tiefer und breiter Graben, mit Dorngebüsch bewehrt, umzieht die Mauern auf drei Seiten, auf der vierten dient der Strom als Wehrgraben.[9] Die Anlage der Straßen nimmt ebenso auf das Verkehrsbedürfnis wie auf den Windschutz Rücksicht. Die Gebäude sind keineswegs unansehnlich; man übersieht ihre lange und durch den ganzen Straßenzug zusammenhängende Reihe, wenn man der Vorderseite der Häuser gegenübersteht. Zwischen diesen Häuserfronten läuft ein zwanzig Fuß[10] breiter Fahrdamm. An die hinteren Gebäudeteile schließt sich ein breiter, den ganzen Häuserblock entlang sich hinziehender Garten, eingezäunt von der Rückseite anderer Häuserreihen. Es gibt kein Haus, das nicht außer dem Eingang von der Straße her noch eine Hinterpforte zum Garten hätte. Die Türen sind zweiflügelig, durch einen leisen Druck der Hand zu öffnen, schließen sich dann von selber wieder und lassen so jeden hinein: so weit geht die Beseitigung des Privateigentums! Denn selbst die Häuser tauschen sie alle zehn Jahre um, und zwar nach dem Lose.

Auf diese Gärten legen sie großen Wert. Darin ziehen sie Wein, Obst, Küchenkräuter und Blumen von solcher Pracht und Kultur, wie ich es nirgends üppiger, nirgends zierlicher gesehen habe. Ihr Eifer in dieser Gärtnerei entspringt nicht bloß ihrem Vergnügen daran, sondern auch einem Wettstreit der Straßenzüge untereinander in der Pflege der einzelnen Gärten. Und sicherlich ist in der ganzen Stadt nicht leicht etwas zu finden, das für die Bürger nützlicher und vergnüglicher zugleich wäre; deshalb scheint auch der

Gründer der Stadt auf nichts so große Sorgfalt verwendet zu haben wie auf diese Art Gärten.

Man sagt nämlich, diese ganze Stadtanlage sei von Anfang an durch Utopus festgelegt worden; doch überließ er die Ausschmückung und den weiteren Ausbau von Nachkommen, da sich voraussehen ließ, daß ein Menschenalter dazu nicht ausreichen würde. Und so steht in ihren Annalen (die sie seit der ersten Besetzung der Insel aufbewahren, die Geschichte von 1760 Jahren umfassend, fleißig und gewissenhaft zusammengestellt), daß die Gebäude anfangs niedrig waren, eine Art Baracken und Hütten, sorglos aus irgendwelchem Holzwerk errichtet, die Wände mit Lehm verschmiert, spitzgiebelig und strohgedeckt. Aber heutzutage ist jedes Haus dreistöckig und höchst ansehnlich gebaut, die Außenseite der Wände aus Basalt oder sonstigem harten[11] oder gebrannten Steinmaterial, das inwendig mit Schutt oder Mörtel ausgefüllt wird. Die Dächer sind flach angelegt und werden mit einer gewissen Stuckmasse belegt, die nicht viel kostet, aber so zubereitet ist, daß sie kein Feuer fängt und noch mehr Wetterfestigkeit besitzt als Blei. Vor dem Wind schützen sie die Fenster durch Glas, das dort sehr viel benutzt wird, zuweilen auch durch dünne Leinwand, die sie mit durchsichtigem Öl oder Bernsteinmasse tränken, was doppelt vorteilhaft ist: es wird dann mehr Licht und weniger Wind durchgelassen.

Von den Obrigkeiten Je dreißig Haushaltungen wählen sich jährlich einen Vorsteher, den sie mit einem älteren Ausdruck Syphogranten, mit einem jüngeren Phylarchen nennen. An der Spitze von je zehn Syphogranten mitsamt ihren Familienverbänden steht ein Vorgesetzter, der früher Tranibore, neuerdings Protophylarch[12] heißt.

Endlich ernennen alle Syphogranten zusammen, zweihundert an der Zahl, in geheimer Abstimmung und nach vorhergehender Eidesleistung, den nach ihrem Urteil tüchtigsten zu wählen, einen Fürsten[13] aus vier Bewerbern, die ihnen das Volk namhaft macht. Von jedem Viertel der Stadt wird nämlich einer erwählt und dem Senat vorgeschlagen. Das Fürstenamt wird auf Lebenszeit übertragen, falls dem nicht der Verdacht tyrannischer Gelüste entgegensteht. Die Wahl der Traniboren findet jährlich statt, doch wechselt man nicht leicht mit ihnen; alle übrigen Behörden werden auf ein Jahr gewählt. Die Traniboren kommen jeden dritten Tag, zuweilen auch, je nach Bedürfnis, noch öfter mit dem Fürsten zur Beratung zusammen, verhandeln über Staatsangelegenheiten und schlichten rasch etwaige Privatstreitigkeiten, die aber überaus selten vorkommen. Stets ziehen sie zwei Syphogranten zu den Senatssitzungen hinzu, und zwar jeden Tag andere. Dabei wird Vorsorge getroffen, keine politische Entscheidung zu treffen, über die nicht drei Tage vor dem Beschlusse im Senat verhandelt ist. Außerhalb des Senats oder der Volksversammlungen über öffentliche Angelegenheiten zu beraten, gilt für ein todeswürdiges Verbrechen. Diese Bestimmung soll darum getroffen sein, damit es nicht so leicht möglich wäre, durch eine Verschwörung des Fürsten mit den Traniboren das Volk durch Tyrannei zu unterdrücken und die Staatsverfassung umzustürzen. Ebendarum wird auch jede Frage von größerer Bedeutung vor die Versammlungen der Syphogranten gebracht, die sich zunächst mit ihren Familienverbänden besprechen, danach unter sich beraten und schließlich ihr Gutachten dem Senat mitteilen. Zuweilen kommt die Angelegenheit auch an den großen Rat des ganzen Inselreiches.

Auch hat der Senat die vorsichtige Gewohnheit, über keinen Antrag an demselben Tage zu debattieren, an dem er eingebracht wird, sondern die Beratung stets auf die nächste Sitzung zu verschieben, damit nicht etwa einer unbedachtsam mit dem herausplatzt, was ihm gerade auf die Zunge kommt, und dann mehr darauf sinnt, mit welchen Gründen er seine Meinung verteidigen könne, als was im Interesse des Staates liegt, was ja oft dazu führt, daß man lieber das Staatswohl als die Meinung über seine eigene werte Person Schaden

*Zunächst tragen sie bei der Arbeit einen ganz einfachen Arbeitsanzug
aus Leder oder Fellen, der bis zu sieben Jahren aushält.*

nehmen läßt, in einer Art verkehrter und unsinniger Scheu, nicht merken zu lassen, daß man anfangs nicht genügend Voraussicht gehabt hat. Darum soll man sich von vornherein vorsehen, lieber mit Überlegung zu sprechen als rasch zu Worte zu kommen.

Von den Handwerkern Ein Gewerbe ist allen Männern und Frauen gemeinsam: der Ackerbau; den versteht jedermann. Darin werden alle von Kindheit an unterwiesen, teilweise durch Belehrung in den Schulen, teils durch Ausflüge, wie zum Spiel, auf das Land in der Nähe der Stadt, wo sie der Arbeit nicht nur zusehen, sondern sie selber ausüben und so die Gelegenheit zugleich zur Übung ihrer Körperkräfte benützen.
Außer der Landwirtschaft, die, wie gesagt, allen gemeinsam ist, erlernt jeder noch irgendein Gewerbe als seinen Beruf; das ist gewöhnlich die Tuchmacherei, das Leineweberhandwerk oder das Maurer-, Schmiede-, Schlosser- oder Zimmermannsgewerbe. Es gibt nämlich kein anderes Handwerk, das dort eine nennenswerte Zahl von Menschen beschäftigte. Denn der Schnitt der Kleidung ist, abgesehen davon, daß die Geschlechter sich im Anzug unterscheiden und ebenso der ledige Stand von den Verheirateten, einheitlich im ganzen Inselreiche und unverändert gleichartig für alle Lebensalter; diese Kleidung ist fürs Auge wohlgefällig, bequem für die Körperbewegungen und besonders für Kälte und Hitze berechnet. Jede Familie fertigt sie sich selber an. Aber von den übrigen genannten Handwerkern lernt jeder eins, nicht nur die Männer, sondern auch die Frauen; doch treiben diese als die Schwächeren nur die leichteren Gewerbe: gewöhnlich spinnen sie Wolle und Leinen; den Männern sind die übrigen, mühsamen Handwerke zugewiesen. Im allgemeinen wird jeder im väterlichen Gewerbe aufgezogen; denn die meisten neigen von Natur dahin. Falls aber einer eine andere Neigung hat, so wird er in irgendeiner Familie durch Adoption aufgenommen, die das Handwerk betreibt, zu dem er Lust hat,

wobei nicht nur sein Vater, sondern auch die Behörden Sorge tragen, daß er einem würdigen und ehrenhaften Familienvater übergeben wird. Auf demselben Wege wird der Berufswechsel möglich gemacht, wenn einer sein Handwerk ausgelernt hat und noch ein anderes dazu zu lernen wünscht. Hat er beide inne, so übt er aus, welches er will, wenn die Stadt nicht eins von beiden nötiger braucht.

Das wichtigste und beinahe einzige Geschäft der Syphogranten ist, dafür zu sorgen und Maßregeln zu treffen, daß keiner müßig herumsitzt, sondern jeder fleißig sein Gewerbe treibt, ohne indessen vom frühen Morgen bis tief in die Nacht wie ein Lasttier sich beständig abzurackern. Das wäre ja eine mehr als sklavische Schinderei! Und doch ist es fast überall das Los der Handwerker,[14] außer bei den Utopiern, die den Tag einschließlich der Nacht in vierundzwanzig Stunden teilen und nur sechs davon der Arbeit widmen: drei vormittags, worauf sie zum Essen gehen: nach dem Mittagessen ruhen sie dann zwei Nachmittagsstunden, arbeiten wieder drei Stunden und beschließen den Arbeitstag mit dem Abendessen. Indem sie die erste Stunde von Mittag an rechnen, gehen sie um acht Uhr schlafen: acht Stunden nimmt der Schlaf in Anspruch. Die Stunden zwischen der Arbeits-, Schlafens- und Essenszeit sind jedem zu beliebiger Beschäftigung freigestellt, nicht um sie durch Üppigkeit und Trägheit zu mißbrauchen, sondern um die Zeit, die einem jeden sein Handwerk freiläßt, nach Herzenslust auf irgendeine andere nützliche Beschäftigung zu verwenden. Die meisten widmen diese Pausen geistigen Studien. Es ist nämlich üblich, täglich in den Frühstunden öffentliche Vorlesungen zu halten, an denen teilzunehmen nur die verpflichtet sind, die namentlich für wissenschaftliche Berufsarbeit ausgewählt sind; aber darüber hinaus strömt aus allen Ständen eine Menge Hörer, Männer und Frauen, zu diesen Vorlesungen, der eine hierhin, der andere dorthin, je nach den individuellen Anlagen. Will aber einer lieber auch diese Zeit seiner Berufsarbeit widmen, was viele vorziehen, deren Geist sich nicht zu den Höhen wissenschaftlicher Kontemplation versteigt, so steht nichts im Wege, ja, es gilt sogar als löblich, weil es dem Staate nützlich ist.

Nach dem Abendessen verbringen sie dann eine Stunde mit Sport und Spiel, im Sommer in den Gärten, im Winter in jenen öffentlichen Hallen, in denen sie gemeinsam essen. Dort treiben sie Musik oder erholen sich im Gespräch. Würfeln und dergleichen unschickliche und verderbliche Spiele kennen sie nicht einmal; aber sie haben zwei Spiele, die dem Schachspiel einigermaßen ähnlich sind: das eine ist der ›Zahlenkampf‹, in dem eine Nummer die andere sticht; in dem anderen kämpfen die Laster mit den Tugenden, in Schlachtordnung aufgestellt. In diesem Spiele zeigt sich überaus sinnreich der Zwiespalt der Laster untereinander und ihr einmütiges Zusammenhalten gegen die Tugend, ebenso welche Laster den Gegensatz zu den verschiedenen Tugenden bilden, mit welchen Kräften sie offen dagegen kämpfen, mit welchen Ränken sie ihnen auf krummen Wegen nachstellen, mit welchen Schutzmitteln dagegen die Tugenden die Kraft der Laster zu brechen wissen, mit welchen Künsten sie ihre Versuchungen vereiteln, und endlich auf welche Weise die eine oder andere Partei den Sieg erringt.

Indessen, um keine falschen Vorstellungen aufkommen zu lassen, müssen wir an dieser Stelle innehalten und einen Punkt noch genauer ins Auge fassen. Weil nämlich die Utopier nur sechs Stunden bei der Arbeit sind, könnte man vielleicht der Meinung sein, es müsse daraus ein Mangel an lebensnotwendigen Arbeitsprodukten entstehen. Weit gefehlt! Im Gegenteil genügt diese Arbeitszeit nicht nur zur Herstellung des nötigen Vorrats an allen Erzeugnissen, die zu den Bedürfnissen oder Annehmlichkeiten des Lebens gehören, sondern es bleibt sogar noch davon übrig. Auch ihr werdet das begreiflich finden, wenn ihr euch überlegt, ein wie großer Teil der Menschen bei andern Völkern untätig dahinlebt; erstens fast alle Frauen, das macht die Hälfte des Ganzen, oder wo etwa die Frauen tätig sind, faulenzen statt dessen meistens die Männer; dazu dann die Priester und sogenannten ›frommen‹ Ordensbrüder,[15] was für eine gewaltige, was für eine faule Schar! Nimm hinzu alle die reichen Leute, insbesondere die Großgrundbesitzer, die man gewöhnlich ›Standespersonen‹ und ›Edelleute‹[16] nennt! Zähle weiter deren Dienerschaft dazu, diesen ganzen Kehricht bewaffneter Tagediebe! Endlich nimm dazu die kräftigen und gesunden Bettler, die alle möglichen Krankheiten zum Vorwand ihres Müßigganges nehmen: ganz gewiß wirst du dann viel weniger Leute finden, als du geglaubt hättest, auf deren Tätigkeit alles das beruht, was zum täglichen Gebrauch der Menschen gehört. Und nun überlege dir, wie wenige selbst von diesen sich mit praktisch notwendiger Handwerkstätigkeit beschäftigen: müssen doch, da wir alle Werte nur am Maßstabe des Geldes messen, vielerlei ganz unnütze und überflüssige Gewerbe betrieben werden, die nur der Verschwendung und Genußsucht dienen! Würde aber dieselbe Zahl Arbeitender, die jetzt in der Produktion tätig ist, ausschließlich auf die wenigen Gewerbe verteilt, die vernünftigerweise dem natürlichen Bedarf entsprechen, so würde notwendig ein großer Überschuß an Waren entstehen, und damit würden natürlich die Preise so stark sinken, daß die Handwerker ihr Leben nicht mehr davon fristen könnten. Aber wenn alle die vielen, deren Arbeitskraft jetzt auf brotlose Gewerbe verzettelt ist, und wenn obendrein der Schwarm von Tagedieben, die jetzt in Nichtstun und Langeweile erschlaffen – und von denen jeder einzelne so viel von den Dingen verbraucht, die aus dem Schweiße anderer Leute beschafft werden müssen, wie zwei, die daran arbeiten – wenn also diese alle miteinander zur Arbeit, und zwar zu nützlicher Arbeit angestellt würden: da solltest du einmal sehen, wie wenig Zeit noch reichlich, ja überflüssig genügen würde, um alles das zu beschaffen, was notwendig oder nützlich ist zum Leben, ja setze ruhig hinzu, auch zum Vergnügen, wenigstens zum echten und natürlichen Vergnügen.

Und eben diese Wahrheit bestätigen in Utopien die Tatsachen selber. Denn dort gibt es in einer ganzen Stadt einschließlich ihrer nächsten Umgebung aus der ganzen Zahl der nach Alter und Körperkräften zur Arbeit tauglichen Männer und Frauen kaum fünfhundert, die davon befreit sind. Unter ihnen nehmen sich die Syphogranten trotz gesetzlicher Befreiung selber nicht von der Arbeit aus, um dadurch ein gutes Beispiel für die anderen zu geben. Im übrigen genießen dieselbe Befreiung noch diejenigen Bürger, denen das Volk auf Vorschlag der Priester und nach geheimer Abstimmung der Syphogranten dauernde Arbeitsbefreiung zu Studienzwecken gewährt. Enttäuscht einer von diesen die auf ihn gesetzten Erwartungen, so wird er wieder unter die Handarbeiter verstoßen. Und andererseits kommt es nicht selten vor, daß irgendein Handwerksmann jene Nebenstunden so emsig zum Studieren verwendet und dadurch so viel Fortschritte macht, daß er von seinem Handwerk befreit und in die Klasse der literarisch Gebildeten befördert wird.

Aus diesem Stande der literarisch Gebildeten entnimmt man Gesandte, Priester, Traniboren und endlich den Fürsten selber, den sie in ihrer älteren Sprache Barzanes, in der jüngeren Ademus nennen. Da nun fast die ganze übrige Masse des Volkes weder müßig noch mit unnützen Gewerben beschäftigt ist, so ist leicht abzuschätzen, wie wenige Tagesstunden nötig sind, um viel gute Arbeit zu leisten. Zu alledem, was ich bisher erwähnt habe, tritt aber noch der erleichternde Umstand hinzu, daß sie in den meisten unentbehrlichen Gewerben weniger Arbeitszeit verbrauchen als andere Völker. Denn erstens erfordert anderwärts überall der Bau oder die Ausbesserung von Häusern beständig die Arbeit vieler Hände, und zwar aus dem Grunde, weil etwa ein unvernünftiger Erbe allmählich verfallen läßt, was der Vater gebaut hat, so daß sein Nachfolger gezwungen ist, mit großem Aufwand zu erneuern, was er selber mit geringen Kosten hätte erhalten können. Ja, oft kommt es auch vor, daß ein Haus, das dem einen die größten Kosten gemacht hat, dem wählerischen Geschmack des anderen nicht behagt, deshalb vernachlässigt wird und rasch verfällt, während der Besitzer an anderer

Stelle ein neues mit nicht geringerem Kostenaufwand bauen läßt. Bei den Utopiern dagegen, die alle diese Privatverhältnisse von Staats wegen wohl geordnet haben, kommt es nur ganz selten vor, daß überhaupt ein neuer Bauplatz ausgesucht wird; und nicht allein augenblicklich sich zeigenden Schäden wird rasch abgeholfen, sondern auch in der Zukunft drohenden vorgebeugt. So kommt es, daß ihre Gebäude bei ganz geringem Arbeitsaufwand überaus lange erhalten bleiben und die Bauhandwerker zuweilen kaum etwas zu tun haben, außer daß sie auf Anweisung zu Hause Zimmerholz bearbeiten und Bausteine rechteckig behauen und herrichten, damit im Bedarfsfall die Häuser rascher gebaut werden können.

Weiterhin beachte, wie wenig Arbeit sie für die Anfertigung ihrer Kleidung verbrauchen! Zunächst tragen sie bei der Arbeit einen ganz einfachen Arbeitsanzug aus Leder oder Fellen, der bis zu sieben Jahren aushält. Wenn sie ausgehen, ziehen sie ein Oberkleid darüber, das jene gröbere Kleidung verdeckt; dessen Farbe ist im ganzen Inselreich dieselbe, und zwar die Naturfarbe des Stoffes. So kommen sie nicht nur mit viel weniger Wolltuchen aus, als irgendwo sonst üblich, sondern das Tuch selbst ist auch viel billiger. Aber noch weniger Arbeit macht die Herstellung von Leinenzeug, das darum auch noch mehr getragen wird. Beim Leinen sieht man nur auf die Weiße, bei der Wolle nur auf die Sauberkeit, feinere Webart wird nicht bezahlt. So kommt es, daß – während sonst nirgends für eine Person vier bis fünf wollene Anzüge in verschiedenen Farben und ebenso viele Arten seidenes Unterzeug genügen, für etwas elegantere Leute nicht einmal zehn – hier in Utopien sich jeder mit einem Anzug, gewöhnlich für zwei Jahre, begnügt. Er hat ja auch gar keinen Grund, sich mehr Kleidung zu wünschen; denn bekäme er sie, so wäre er weder gegen die Kälte besser geschützt, noch würde er in seiner Kleidung auch nur um ein Haar eleganter aussehen.

Da sie also sämtlich in nützlichen Gewerben tätig sind und in diesen wieder mit weniger Arbeit auskommen, ist es nicht zu verwundern, daß Überfluß an allen Erzeugnissen herrscht und sie von Zeit zu Zeit noch eine gewaltige Menge Arbeiter mit Ausbesserung der öffentlichen Straßen beschäftigen können, wenn sich daran Beschädigungen zeigen, sehr oft aber auch, wenn keinerlei Arbeitsbedarf dieser Art vorliegt, von Staats wegen Herabsetzung der Arbeitszeit verkünden. Denn die Behörden beschäftigen die Bürger nicht gegen ihren Willen mit überflüssiger Arbeit, da die Wirtschaftsverfassung dieses Staates vielmehr in erster Linie das eine Ziel vor Augen hat, soweit es die notwendigen Ansprüche des Staates erlauben, für alle Bürger möglichst viel Zeit frei zu machen von der Knechtschaft des Leibes für die freie Pflege geistiger Bedürfnisse. Denn darin, glauben sie, liege das wahre Glück des Lebens.

Vom Verkehr der Utopier untereinander Doch nunmehr wird es an der Zeit sein, die soziale Ordnung der bürgerlichen Gesellschaft, ihre inneren wirtschaftlichen Wechselbeziehungen und die Art der Güterverteilung darzulegen. Die Bürgerschaft also setzt sich zusammen aus Familienverbänden;[17] die Familienverbände beruhen meist auf Verwandtschaftsverhältnissen. Die Frauen nämlich, sobald sie körperlich ausgereift sind, werden verheiratet und ziehen in die Wohnungen ihrer Männer; dagegen die männlichen Nachkommen bleiben im Familienverbande und stehen unter der Gewalt des ältesten Familienoberhauptes, falls dieses nicht geistig altersschwach geworden ist; dann tritt nämlich der Nächstälteste an seine Stelle.
Damit aber die Zahl der Bürger nicht abnehmen und nicht über eine gewisse Grenze anwachsen kann, ist vorgesehen, daß keinem Familienverbande – von denen jede Stadt sechstausend umfaßt ohne den zugehörigen Landbezirk – weniger als zehn und mehr als sechzehn Erwachsene angehören dürfen (die Zahl der unmündigen Kinder läßt sich ja nicht im voraus begrenzen). Diese Bestimmung ist leicht innezuhalten, indem man den Überschuß der überfüllten

Großfamilien in weniger köpfereiche Familien versetzt. Wächst aber einmal die Kopfzahl einer ganzen Stadt über Gebühr an, so gleicht man den Menschenmangel anderer Städte des Reiches damit aus. Sollte aber etwa die Menschenmasse des ganzen Inselreiches mehr als billig anschwellen, dann werden Bürger aus jeder Stadt aufgeboten, die auf dem nächstgelegenen Festland überall da, wo die Eingeborenen Überfluß an Ackerland haben und die Bodenkultur brachliegt, eine Kolonie gründen, die ihren heimischen Gesetzen entspricht. Die Eingeborenen des Landes werden hinzugezogen, wenn sie mit ihnen in Gemeinschaft leben wollen. Mit denen, die wollen, verbinden sie sich zu gleicher Lebensweise und gleichen Sitten und verschmelzen dann leicht mit ihnen, und das dient zu beider Völker Bestem: erreichen sie doch dank ihrer Einrichtungen, daß dieselbe Bodenfläche für beide reichlich Raum bietet, die vorher dem einen knapp und unzureichend erschien. Wer sich dagegen weigert, nach ihren Gesetzen zu leben, den vertreiben sie aus den Grenzen, die sie sich selber stecken. Gegen die Widerstrebenden führen sie Krieg. Denn sie halten es für einen sehr gerechten Grund zum Kriege, wenn irgendein Volk ein Stück Boden selber nicht nutzt, sondern gleichsam zwecklos und leer besetzt hält, sich aber doch weigert, die Nutzung und den Besitz anderen zu überlassen, die nach dem Willen der Natur von dort ihre Nahrung ziehen sollten. Falls aber einmal irgendein Unglücksfall einige von ihren Städten so stark entvölkern sollte, daß der Verlust aus anderen Gegenden des Inselreiches nicht ausgeglichen werden kann, ohne die gesetzliche Volkszahl der einzelnen Städte zu vermindern (was seit Menschengedenken nur zweimal im Gefolge von heftig wütenden Seuchen vorgekommen sein soll), so wird durch Rückwanderung aus der Kolonie für Ergänzung gesorgt. Sie lassen nämlich lieber die Kolonie zugrunde gehen als irgendeine von den Städten des Inselreiches Schaden nehmen.

Doch ich kehre zum Zusammenleben der Bürger zurück. Der Älteste, sagte ich, steht an der Spitze des Familienverbandes. Die

*Jede Mittags- und Abendmahlzeit eröffnen sie mit Vorlesen irgendeines Textes
von moralischem Inhalt, aber nur kurz, um nicht Überdruß zu erwecken.*

Frauen sind ihren Männern, die Kinder den Eltern und so überhaupt die Jüngeren den Älteren untertan. Die ganze Stadt ist in vier gleich große Quartiere eingeteilt; in der Mitte eines jeden Quartiers befindet sich ein Markt für Waren aller Art. Dort werden in bestimmte Magazine die Arbeitsprodukte aller Familienverbände zusammengebracht, und in einem Warenspeicher sind die einzelnen Warengattungen für sich gelagert. Dort fordert jeder Familienälteste an, was er und die Seinigen brauchen, und erhält ohne Bezahlung, überhaupt ohne jede Gegenleistung alles, was er verlangt. Denn warum sollte man ihm etwas verweigern, da doch an allem reichlich genug vorhanden und gar nicht zu befürchten ist, daß einer mehr fordern möchte, als er nötig hat? Denn wie sollte man auf den Gedanken kommen, es könnte einer überflüssige Forderungen stellen, der doch sicher ist, daß es ihm nie an etwas fehlen wird? Habgierig und räuberisch macht ja alle Lebewesen immer nur die Furcht vor künftigem Mangel; nur bei dem Menschen kommt der Hochmut hinzu, der es für einen Ruhm hält, durch Prunken mit überflüssigen Dingen sich vor den anderen hervorzutun – eine Art von menschlicher Schwäche, für die es innerhalb der gesellschaftlichen Verfassung der Utopier überhaupt keinen Platz gibt.

Mit den erwähnten Märkten sind Lebensmittelmärkte verbunden, zu denen Gemüse, Obst und Brot angefahren wird, außerdem auch Fische und Fleisch,[18] diese aber auf besonderen Plätzen außerhalb der Stadt, wo man im fließenden Wasser Blut und Schmutz abwaschen kann; von dort bringt man das Vieh, von Sklaven[19] geschlachtet und gereinigt, in die Stadt. Sie dulden nämlich nicht, daß sich ihre Bürger an das Zerfleischen von Tieren gewöhnen, weil sie glauben, daß diese Gewöhnung das Mitleid, diese menschlichste aller unserer natürlichen Empfindungen, allmählich abstumpfen müsse; und ebensowenig lassen sie etwas Schmutziges und Unreines in die Stadt bringen, dessen Fäulnis die Luft verderben und dadurch Krankheiten einschleppen könnte.

Außerdem hat jede Häuserreihe einige geräumige Hallenbauten in gleichen Abständen voneinander, von denen jede unter eigenem Namen bekannt ist. Hier wohnen die Syphogranten. Jeder Halle sind dreißig Familien zugeteilt, auf jeder Seite fünfzehn, die dort ihre Mahlzeiten einnehmen. Die Küchenmeister aller Hallen kommen zu einer bestimmten Stunde auf den Markt, melden die Zahl ihrer Mittagsgäste und fordern die entsprechende Menge Lebensmittel an.

Die meiste Rücksicht wird aber (bei dieser Verteilung) auf die Kranken genommen, die in öffentlichen Spitälern gepflegt werden. Es gibt nämlich vier Spitäler im Stadtbezirk, etwas außerhalb der Mauern gelegen, so geräumig, daß sie für sich ebensoviel kleinen Städten gleichen; es soll dadurch ermöglicht werden, auch die größte Zahl Kranker ohne Enge und deshalb bequem zu lagern, ferner die ansteckend Kranken von der Gemeinschaft der anderen recht weit getrennt zu betten. Diese Krankenhäuser sind so vorzüglich eingerichtet und mit allen Heilmitteln so gut versehen, die Pflege wird darin so zart und gewissenhaft ausgeübt, die erfahrensten Ärzte betätigen sich mit solchem Fleiße, daß es kaum jemand in der ganzen Stadt gibt, der es im Falle der Erkrankung nicht vorzöge, dort statt zu Hause zu liegen, obgleich niemand gegen seinen Willen hineingeschickt wird. – Nachdem also zunächst der Küchenmeister der Krankenhäuser seine Lebensmittel nach ärztlicher Vorschrift empfangen hat, wird weiterhin das Beste gleichmäßig auf die Speisehallen je nach deren Kopfzahl verteilt; nur auf den Fürsten, den Oberpriester und die Traniboren wird besondere Rücksicht genommen, ebenso auf die Gesandten und auf alle Ausländer, falls solche anwesend sind; man sieht sie nur vereinzelt und selten; soweit sie sich indessen im Lande aufhalten, werden auch für sie bestimmte, fertig eingerichtete Wohnungen bereitgehalten.

In diesen Hallen versammelt sich zu den festgesetzten Stunden der Mittags- und Abendmahlzeit, durch den Schall eherner Posaunen gerufen, die gesamte Syphograntie bis auf die in den Hospitälern oder daheim liegenden Kranken; doch ist niemandem verwehrt, nachdem der Bedarf der Speisehallen gedeckt ist, vom Markte Lebensmittel sich mit nach Hause geben zu lassen. Man weiß nämlich, daß niemand das grundlos tun wird; denn wenn auch keinem verboten ist, zu Hause zu essen, so tut es doch niemand gern, da es nicht für anständig gilt und obendrein töricht ist, wenn einer sich die Mühe macht, ein geringeres Mahl sich selbst herzurichten, während er es doch reichlich und prächtig zubereitet ganz in der Nähe in der Halle haben kann. In dieser Halle werden alle schmutzigen und mühsamen Dienstleistungen von Sklaven besorgt. Aber das Kochen und Zubereiten der Speisen und überhaupt die Vorbereitung des ganzen Mahles ist ausschließlich die Aufgabe der Frauen, und zwar abwechselnd der einzelnen Familienverbände. Es wird an drei oder mehr Tischen getafelt, je nach der Zahl der Teilnehmer; die Männer sitzen an der Wand, die Frauen an der äußeren Seite der Tischordnung, um, falls ihnen plötzlich irgendeine Übelkeit zustoßen sollte, was bei Schwangeren bisweilen vorzukommen pflegt, sich ohne Störung der Ordnung erheben und zu den stillenden Müttern gehen zu können. Diese sitzen nämlich mit den Säuglingen in einem besonders hierfür bestimmten Speiseraum; dort fehlt es nie an einem Herde und reinem Wasser; auch Wiegen stehen dort, um die kleinen Kinder je nach Wunsch hineinlegen zu können oder sie am Feuer aus den Windeln zu nehmen, sie strampeln zu lassen und mit ihnen zu spielen. Jede Mutter stillt ihr Kind selbst, soweit nicht Tod oder Krankheit das ausschließen. In solchen Fällen besorgen die Frauen der Syphogranten schleunigst eine Amme, was nicht schwierig ist; denn die dafür geeigneten Frauen bieten sich zu keiner Dienstleistung lieber an, da solche Barmherzigkeit allgemeines Lob erntet und der Säugling später die Amme als seine Mutter betrachtet. Im Ammensaal sitzen auch alle Kinder unter fünf Jahren. Die übrigen Unmündigen (dazu rechnen sie die Jugend beider Geschlechter, soweit sie noch nicht im heiratsfähigen Alter steht) warten entweder den an der Tafel

Sitzenden auf oder, soweit sie das ihrem Alter nach noch nicht können, stehen sie doch dabei, und zwar ohne ein Wort zu sprechen. Sie essen, was ihnen von den am Tische Sitzenden gereicht wird, und haben keine andere besondere Essenszeit. Am ersten Tisch in der Mitte ist der oberste Platz,[20] von da übersieht man die ganze Gesellschaft, weil dieser Tisch im obersten Teil des Speisesaales quer steht; dort sitzt der Syphogrant mit seiner Gattin. Neben ihnen sitzen die zwei Ältesten; man sitzt nämlich an allen Tischen zu viert. Liegt aber ein Tempel im Bezirk der Syphograntie, so sitzt der Priester mit seiner Gattin so mit dem Syphogranten zusammen, daß sie den Vorsitz führen. Auf beiden Seiten schließen sich jüngere Leute an, danach wieder Greise, und auf diese Weise sind im ganzen Saale die Gleichaltrigen zusammengebracht und doch mit anderen Altersstufen gemischt. Das soll deshalb so eingerichtet sein, damit die Würde der Alten und der Respekt vor ihnen die Jüngeren von ungehörigem Reden und Benehmen zurückhält; kann doch bei Tische kein Wort geredet und nichts getan werden, was den Nachbarn ringsum entginge. Die einzelnen Gänge der Speisen werden nicht vom ersten Platz an der Reihe nach aufgetragen, sondern man bietet zuerst immer das Beste vom Gericht allen älteren Tischgenossen an, die auf Vorzugsplätzen sitzen; danach werden die übrigen ohne Unterschied bedient. Indessen lassen die Alten ihre Leckerbissen, soweit deren Menge nicht zureicht, um sie im ganzen Saale in genügender Menge zu verteilen, nach Gutdünken auch den Umsitzenden zugute kommen. So bleibt den Alten die gebührende Ehre gewahrt, und doch wird die gleiche Bevorzugung, die sie genießen, auch allen anderen zuteil.

Jede Mittags- und Abendmahlzeit eröffnen sie mit Vorlesen irgendeines Textes von moralischem Inhalt, aber nur kurz, um nicht Überdruß zu erwecken. Daran knüpfen die Tischältesten ehrbare, aber nicht etwa trockene, sondern recht unterhaltende Reden. Indessen ergehen sie sich nicht etwa die ganze Mahlzeit über in lange Ergüssen; vielmehr hören sie auch gern den jungen Leuten zu, ja, sie fordern sie absichtlich zum Reden heraus, um einen Eindruck von der Begabung und den geistigen Fähigkeiten der einzelnen zu gewinnen, wenn diese die Freiheit beim Mahle benutzen, um sich auszusprechen. Die Mittagsmahlzeiten sind ziemlich kurz, die Abendmahlzeiten werden ausführlich abgehalten, weil auf jene weitere Arbeit, auf diese dagegen Schlaf und Nachtruhe folgen sollen, die man für zuträglicher hält für eine gesunde Verdauung. Keine Abendmahlzeit verläuft ohne Musik; auch fehlen zum Nachtisch nicht allerhand Leckereien. Man zündet wohlriechende Räucherkerzen an, sprengt duftende Essenzen und versäumt nichts, um die Tischgesellschaft zu erheitern. Sie neigen sämtlich viel zu sehr zu solcher fröhlichen Stimmung, um irgendein Vergnügen für unerlaubt zu halten, das keinen Schaden bringt.

So gestaltet sich das gesellige Leben in der Stadt. Wo man dagegen auf dem Lande weiter auseinander wohnt, ißt jeder für sich zu Hause. Dort fehlt es ja keinem Familienverband an den nötigen Lebensmitteln, da von ihnen alles das herstammt, wovon die Städter leben.

Von den Reisen der Utopier Hat jemand den Wunsch, seine Freunde in einer anderen Stadt zu besuchen oder den Ort selbst kennenzulernen, so kann er leicht Urlaub von seinem Syphogranten und Traniboren bekommen, falls er nicht irgendwie unabkömmlich ist. Es wird dann immer eine gewisse Anzahl Urlauber auf einmal abgeschickt, mit einer Bescheinigung des Fürsten, in der die Reiseerlaubnis ausgesprochen und der Tag der Rückkehr vorgeschrieben ist. Man stellt ihnen einen Reisewagen mit einem staatlichen Sklaven zur Verfügung, der das Ochsengespann zu lenken und zu besorgen hat. Jedoch wenn nicht gerade Frauen in ihrem Kreise sind, weisen sie gewöhnlich den Wagen als lästig und hinderlich zurück. Obschon sie auf der ganzen Reise nichts mit sich führen, geht ihnen doch nichts ab: sie sind ja überall wie zu Hause.

Halten sie sich irgendwo länger als einen Tag auf, so übt jeder sein Gewerbe aus und wird von seinen Zunftgenossen sehr zuvorkommend behandelt. Wenn einer auf eigene Faust außerhalb seines Stadtbezirkes sich herumtreibt und ohne fürstlichen Urlaubsschein ergriffen wird, sieht man ihn als Ausreißer an, bringt ihn schimpflich in die Stadt zurück und läßt ihn scharf züchtigen; im Wiederholungsfall wird er mit Verstoßung in die Sklaverei bestraft. Wandelt aber einen die Lust an, durch die Fluren seiner Heimatstadt zu spazieren, so steht dem nichts im Wege, die Erlaubnis des Hausvaters und das Einverständnis von dessen Ehefrau[21] vorausgesetzt. Aber wohin er auch aufs Land kommt, nirgends gibt es für ihn etwas zu essen, ehe er nicht so viel Arbeit geleistet hat, entweder vormittags oder vor dem Abendessen, als dort üblich ist; unter dieser Bedingung darf er überall innerhalb des eigenen Stadtbezirks spazierengehen. Wird er doch so der Stadt nicht weniger nützlich sein, als wenn er sich in der Stadt selber aufhielte.

Ihr seht schon, es gibt dort nirgends eine Möglichkeit zum Müßiggang, keinen Vorwand zum Faulenzen. Keine Weinschenke, kein Bierhaus, nirgends ein Bordell, keine Gelegenheit zur Verführung, keine Spelunken, kein heimliches Zusammenhocken, sondern überall sieht die Öffentlichkeit dem einzelnen zu und zwingt ihn zu der gewohnten Arbeit und zur Ehrbarkeit beim Vergnügen.

Aus solcher Lebensführung des Volkes muß notwendig Überfluß an allen Lebensbedürfnissen folgen, und da dieser Überfluß gleichmäßig allen zugute kommt, ist es ganz natürlich, daß es Arme oder gar Bettler nicht geben kann. Im Senate zur Mentiranum[22] (an dem, wie gesagt, jährlich je drei Abgeordnete aus jeder Stadt teilnehmen) wird festgestellt, welcher Überschuß in den einzelnen Bezirken besteht, und wiederum, in welcher Art von Erträgnis andere etwa hinter dem Bedürfnis zurückbleiben. Sobald das ermittelt ist, läßt man sogleich den Bedarf der einen durch den Überschuß der anderen ausgleichen; und zwar geschieht das kostenlos, ohne daß die Abgebenden von den Empfängern einen Gegenwert erhalten. Aber dafür, daß eine Stadt der anderen keine ihrer Lieferungen in Rechnung stellt, erhält sie auch wieder von einer anderen ihren Bedarf gedeckt, ohne etwas dafür zu schulden. So bildet das ganze Inselreich gleichsam eine Familie.

Sobald sie aber sich selbst genügend mit Vorräten eingedeckt haben – und das gilt nicht früher als geschehen, ehe nicht für zwei Jahre vorgesorgt ist, mit Rücksicht auf die ungewisse Ernte des zweiten Jahres –, führen sie aus ihrem Überschuß große Warenmengen in fremde Gegenden ab: Getreide, Honig, Wolle, Leinen, Holz, Scharlach- und Purpurfarben, Felle, Wachs, Talg, Leder und endlich Vieh. Von alledem geben sie ein Siebentel den Armen des betreffenden Landes zum Geschenk, den Rest verkaufen sie zu mäßigem Preise. Als Gewinn dieses Handels führen sie nicht nur die Waren ins Land, die ihnen daheim fehlen (denn das ist fast nichts außer Eisen),[23] sondern außerdem eine große Menge Silber und Gold. Daran haben sie, da es schon lange so gehalten wird, bereits einen größeren Überfluß, als man für möglich halten sollte. Infolgedessen macht es ihnen heutzutage nicht viel aus, ob sie gegen Bargeld oder auf Kredit verkaufen und weitaus das meiste auf Schuldschein ausstehen haben; doch lassen sie sich bei deren Ausstellung niemals auf den Kredit von Privatleuten ein, sondern verlangen immer formell ausgestellte öffentliche Bürgschaftsurkunden der betreffenden Stadt. Die Stadt zieht dann am Zahltage die Verbindlichkeiten der Privatschuldner ein, legt das Geld in ihren Kassen nieder und hat den Zinsgenuß davon, bis es von den Utopiern eingefordert wird. Diese fordern aber den größten Teil niemals ein. Denn sie halten es nicht für billig, anderen Leuten etwas wegzunehmen, was ihnen selber keinen Nutzen bringt, wohl aber den anderen nützlich ist. Indessen wenn es die Sachlage erfordert: wenn sie etwa einen Teil des Geldes einem anderen Volke leihen wollen, fordern sie es ein, ebenso in dem Falle, daß sie Krieg führen müssen; nur zu diesem Zweck bewahren sie auch den ganzen Schatz auf, den sie im Lande haben; er soll ihnen in äußerster oder in plötzlicher Gefahr Sicherheit bieten, vor allem, um damit für hohen Sold Soldaten im Ausland anzuwerben, die sie lieber der Gefahr aussetzen als ihre eigenen Bürger. Sie wissen auch ganz gut, daß mit viel Geld die Feinde selber gewöhnlich zu erkaufen und gegeneinanderzuhetzen sind, sei es durch Verrat oder auch durch Entzweiung. Aus diesem Grunde halten sie sich einen Staatsschatz von unermeßlichem Werte doch eigentlich nicht als Schatz; vielmehr halten sie es damit so, daß ich mich wahrhaftig scheue, es zu erzählen, weil ich fürchten muß, meine Rede wird keinen Glauben finden, und das um so weniger, als ich mir wohl bewußt bin, wie schwer ich mich selbst dazu hätte bringen lassen, es einem anderen Berichterstatter zu glauben, wenn ich es nicht selber erlebt hätte. Es ist ja durchaus natürlich, daß die Zuhörer einer berichteten Tatsache um so weniger Glauben schenken, je fremdartiger sie im Vergleich mit ihren eigenen Gewohnheiten erscheint. Immerhin, wenn man bedenkt, daß ja auch ihre sonstigen Zustände so stark von den unserigen abweichen, wird sich ein kluger Beurteiler vielleicht nicht so sehr darüber wundern, daß sie auch von Silber und Gold einen Gebrauch machen, der mehr ihren eigenen als unseren Gewohnheiten entspricht.[24]

Da sie nämlich selber kein Geld brauchen, sondern es nur für einen Fall aufbewahren, der ebensogut eintreten wie niemals vorkommen kann, legt bis dahin kein Mensch größeren Wert auf den Besitz von Gold und Silber, aus denen Geld gemacht wird, als ihrem natürlichen Werte entspricht; und wer sieht da nicht ein, daß sie, so betrachtet, weit unter dem Eisen stehen? Kann doch in der Tat ohne Eisen die Menschheit ebensowenig leben als ohne Feuer und Wasser, während hingegen dem Gold und Silber von der Natur kein Vorzug verliehen ist, den wir nicht leicht entbehren könnten. Nur daß die Torheit der Menschen der Seltenheit so hohen Wert beilegt, während doch die Natur gerade im Gegenteil wie eine gütige Mutter uns ihre besten Gaben leicht zugänglich gemacht hat, wie die Luft, das Wasser und die Erde, die nichtigen und unnützen aber

*Während sie nämlich aus tönernem und gläsernem Geschirr essen und trinken,
das zwar sehr geschmackvoll aussieht, aber billig ist,
lassen sie aus Gold und Silber für die öffentlichen Hallen wie für die Privathäuser allerorten
Nachtgeschirre und lauter für niedrigste Zwecke bestimmte Gefäße anfertigen.*

uns am weitesten entrückt hat. Wenn nun diese Edelmetalle, wie bei uns, in irgendeinem Turm versteckt würden, könnten Landesfürst und Senat in den Verdacht kommen, (so ist einmal der törichte Argwohn der großen Masse!), mit dem Volke ein hinterlistiges Spiel zu treiben und irgendwelchen persönlichen Vorteil daraus zu ziehen. Ferner wenn sie Schalen oder andere derartige Gegenstände der Schmiedekunst daraus anfertigen ließen, so könnte es vorkommen, daß man sie eines Tages wieder einschmelzen und zur Besoldung der Truppen verwenden müßte; und natürlich würden dann die Besitzer (wie sie einsehen) sich nur ungern wieder entreißen lassen, was einmal angefangen hat, ihnen Freude zu machen.

Um dem allen vorzubeugen, haben sie sich ein Mittel ausgedacht, das ihren übrigen Einrichtungen ebenso genau entspricht, wie es von den unserigen weit abweicht, da bei uns ja das Gold so hoch geschätzt und so sorgsam aufbewahrt wird, und das deshalb niemand glaublich erscheinen wird, der es nicht selber kennengelernt hat. Während sie nämlich aus tönernem und gläsernem Geschirr essen und trinken, das zwar sehr geschmackvoll aussieht, aber billig ist, lassen sie aus Gold und Silber für die öffentlichen Hallen wie für die Privathäuser allerorten Nachtgeschirre und lauter für niedrigste Zwecke bestimmte Gefäße anfertigen. Ferner werden die Ketten und dicken Fußschellen zur Fesselung der Sklaven aus denselben Metallen hergestellt.[25] Endlich werden allen denen, die irgendein Verbrechen ehrlos macht, goldene Ringe an die Ohren gehängt, goldene Fingerringe angesteckt, ein goldenes Halsband umgetan und um den Kopf ein goldener Reif gelegt. So sorgen sie mit allen Mitteln dafür, in ihrem Lande Gold und Silber in Verruf zu bringen. Und auf diese Weise wird erreicht, daß diese Metalle, die andere Völker sich nur mit so großen Schmerzen nehmen lassen, als sollten sie sich ein Stück vom Leibe reißen, bei den Utopiern nichts gelten. Würde es dort einmal notwendig, alles Edelmetall herauszugeben, so würde kein Mensch glauben, einen Heller daran zu verlieren.

Außerdem sammeln sie Perlen am Strande, ja auch Diamanten und Karfunkel in gewissen Felsen; doch suchen sie nicht danach, sondern schleifen nur, was sie zufällig finden. Damit putzen sie die kleinen Kinder, die zwar in den ersten Kinderjahren gern damit prahlen und stolz darauf sind, sobald sie aber erst ein wenig älter geworden sind und merken, daß nur Kinder derartigen Tand gebrauchen, ohne besondere Mahnung der Eltern, einfach aus einer Art Schamgefühl, diese Dinge ablegen, genauso wie bei uns die Knaben, wenn sie größer werden, ihre Nüsse,[26] Knöpfe und Puppen wegwerfen. Wie sehr aber diese von der Lebensart der anderen Völker so stark abweichenden Verhältnisse auch ihr ganzes Empfinden verändert haben, ist mir niemals so klargeworden wie gelegentlich einer Gesandtschaft der Anemolier.

Diese kam gerade nach Amaurotum, während ich dort war, und da sie zu wichtigen Verhandlungen kam, waren noch vor ihrem Erscheinen die früher erwähnten Abgeordneten (drei Bürger aus jeder Stadt) eingetroffen. Nun kannten die Gesandten alle Nachbarvölker, die früher dorthin gekommen waren, bereits die Sitten der Utopier, wußten, daß bei ihnen Prunk in der Kleidung ganz und gar nicht in Ehren stünde, seidene Gewänder geradezu verachtet würden, Gold sogar als unanständig gelte, und hatten sich deshalb längst daran gewöhnt, in möglichst bescheidenem Aufzug zu erscheinen. Die Anemolier aber, die weiter entfernt wohnten und seltener mit ihnen verkehrten, hatten wohl gehört, sie trügen alle dieselbe grobe Tracht, glaubten aber, es fehle ihnen bloß an Mitteln zu dem Aufwand, den sie nicht trieben, und nahmen sich deshalb vor – mehr hochmütig als weise –, sich wie die Götter herauszuputzen und die Augen der armseligen Utopier durch den Glanz ihres Schmuckes zu blenden. So hielten denn die drei Gesandten ihren Einzug mit einem Gefolge von hundert Mann, alle in buntfarbiger Kleidung, die meisten in Seide, die Gesandten selbst (da sie zu Hause zum Adel gehörten) in goldbestickten Gewändern, mit großen goldenen Halsketten und Ohrringen, dazu mit goldenen

Fingerringen an den Händen, ja obendrein auch noch die Hüte mit Agraffen besteckt, die von Perlen und Edelsteinen funkelten, kurzum, mit all den Dingen geschmückt, die bei den Utopiern als Strafmittel für die Sklaven oder als Schandmal der Ehrlosen oder als Kindertand Verwendung finden. Es war wirklich der Mühe wert, zu sehen, wie hoch sie die Köpfe trugen, als sie ihren Aufputz mit der Kleidung der Utopier verglichen; denn das Volk war in Menge auf die Straßen geströmt. Und andererseits war es nicht minder belustigend, zu beobachten, wie schmählich sie sich in ihren Hoffnungen und Erwartungen getäuscht sahen und wie weit sie den Eindruck verfehlten, auf den sie gerechnet hatten! Denn in den Augen aller Utopier, mit Ausnahme von ganz wenigen, die bei irgendeiner passenden Gelegenheit schon bei anderen Nationen herumgekommen waren, erschien dieser ganze glänzende Aufwand als unanständig. So grüßten die Utopier immer gerade die Niedrigsten an Stelle ihrer Herren ehrerbietig, hielten aber die Gesandten selber wegen ihrer goldenen Ketten für Sklaven und ließen sie ohne jede Ehrenbezeigung vorüberziehen. Und die Knaben hättest du sehen sollen, die ihre Edelsteine und Perlen schon längst weggeworfen hatten, was sie die Mutter anriefen und anstießen, sobald sie die Agraffen an den Hüten der Gesandten bemerkten: ›Guck, Mutter, was für ein großer Schlingel da noch immer die dummen Perlen und Edelsteinchen trägt, als wenn er ein kleines Kind wäre!‹ ›Still, Junge!‹ sagte die Mutter gleichfalls ganz im Ernst, ›das ist, glaube ich, einer von den Possenreißern der Herren Gesandten!‹[27] Andere machten sich über die goldenen Ketten lustig: die wären ja gar nicht zu brauchen, weil sie so zierlich wären, daß der Sklave sie leicht zerbrechen könnte, und außerdem so lose umgebunden, daß er sie abschütteln und ungebunden und frei davonlaufen könnte, sobald er Lust hätte.

Die Gesandten aber waren kaum ein paar Tage dagewesen, als sie schon eine Unmenge Gold in niedrigster Verwendung gesehen und gemerkt hatten, daß es hier ebenso tief in Verachtung wie bei ihnen in Ehren stand; dazu sahen sie in den Ketten und Fußschellen eines einzigen flüchtig gewordenen Sklaven mehr Gold und Silber angehäuft, als die ganze Ausstattung der drei Gesandten selber wert war. Da ließen sie die Flügel hängen und legten beschämt den ganzen Prunk ab, mit dem sie sich so anmaßend gebrüstet hatten, vor allem seit sie sich vertraulicher mit den Utopiern unterhalten und deren Sitten und Anschauungen kennengelernt hatten. Wundern sich diese doch, daß es einen Menschen gibt, dem das unsichere Gefunkel eines armseligen Brillanten oder Edelsteinchens Freude macht, während uns doch jeder beliebige Stern und sogar die Sonne selbst zum Anschauen zur Verfügung steht, und wie jemand so närrisch sein kann, daß er sich selbst für vornehmer hält wegen eines feineren Wolltuches; denn ist der Faden der Wolle auch noch so fein, ursprünglich hat sie doch ein Schaf getragen, und mittlerweile ist auch nichts Besseres als ein Schafkleid daraus geworden.

Ebensowenig begreifen sie, warum das seiner eigentlichen Natur nach so unnütze Gold heutzutage überall in der Welt so hoch geschätzt wird, daß der Mensch selber, durch den und vor allem zu dessen Nutzen es doch erst so hohen Wert erhalten hat, viel weniger gilt als das Gold selbst; und zwar so viel weniger, daß irgendein Dickschädel,[28] der nicht mehr Geist besitzt als ein Holzklotz und ebenso schlecht wie dumm ist, dennoch kluge und brave Männer zu Dienern haben kann, bloß deshalb, weil er zufällig einen großen Haufen goldener Münzen besitzt. Würde dieses Gold durch irgendeine Tücke des Schicksals oder eine knifflige Gesetzesbestimmung (so ein Gesetzeskniff kehrt ja manchmal ebensogut wie das Schicksal selber das Oberste nach unten) von jenem Besitzer auf den verworfensten Taugenichts seines ganzen Gesindes übertragen, so würde jener wahrhaftig bald darauf selber wie ein bloßes Anhängsel, wie eine Zugabe seiner Münzen unter die Dienerschaft seines eigenen früheren Dieners geraten! Aber noch viel mehr wundern und empören sie sich über die Unvernunft der Leute, die diesen Reichen, denen sie doch nichts schulden und nicht verpflichtet sind, beinahe göttliche Ehren erweisen, aus keinem anderen Grunde, als weil sie eben reich sind; und das tun sie, obwohl sie die schmutzige Habsucht dieser Leute viel zu genau kennen, um nicht völlig sicher zu sein, daß ihnen bei deren Lebzeiten niemals auch nur ein lumpiger Heller von dem großen Geldhaufen zukommen wird.

Diese und ähnliche Ansichten haben die Utopier teilweise aus ihrer Erziehung geschöpft – sind sie doch in einem Staate aufgezogen, dessen Einrichtungen von Torheiten dieser Art weit entfernt sind –, teilweise aus Wissenschaft und Literatur. Denn wenn es auch nicht gerade viele in jeder Stadt sind, die von allen anderen Arbeiten entlastet und nur für das Studium bestimmt sind, nämlich nur die, bei denen von Kindheit an hervorragende Anlage, ungewöhnliche Begabung und literarische Neigungen zu bemerken waren, so wird doch allen Kindern Unterricht zuteil, und ein großer Teil des Volkes, Männer und Frauen, verwenden die erwähnten Freistunden ihres Berufes auf literarische Interessen. Der Unterricht vollzieht sich in der Landessprache, die einen stattlichen Wortschatz hat, recht angenehm klingt und die treueste Dolmetscherin der Gedanken ist. Sie ist in annähernd derselben Gestalt, jedoch überall etwas verderbt, bald in dieser, bald in jener Abwandlung, über große Striche jenes Erdteils verbreitet.

Von allen unseren Philosophen, deren Namen in den uns bekannten Erdteilen berühmt sind, war vor unserer Ankunft nicht einmal das Gerücht von einem einzigen dorthin gedrungen. Und doch haben sie in der Musiktheorie, der Dialektik und der Wissenschaft des Zählens und Messens[29] ungefähr dieselben Entdeckungen gemacht wie unsere alten Meister. Aber wenn sie schon den Alten fast in jeder Hinsicht gleichkommen, so bleiben sie freilich hinter den dialektischen Erfindungen der Modernen weit zurück! Haben sie doch nicht einmal eine einzige von all den schönen Regeln erfunden, die über ›Restriktion‹, ›Amplifikation‹ und ›Supposition‹ in den Lehrbüchern der ›kleinen Logik‹ höchst scharfsinnig ausgedacht sind und die hierzulande überall schon die Kinder lernen müssen.[30]

Ferner haben sie so wenig daran gedacht, den ›zweiten Intentionen‹[31] genügend nachzuforschen, daß sie nicht einmal den sogenannten ›Menschen im allgemeinen‹ gefunden haben, der doch ein wahrer Koloß ist und größer als jeder Riese, wie ihr wißt; obendrein haben wir ihnen damals diesen Menschen mit dem Finger gezeigt, und doch konnte ihn keiner von ihnen sehen. Dagegen sind sie im Laufe der Gestirne und der Bewegung der Himmelskreise sehr wohl bewandert. So haben sie sich auch mit Eifer Instrumente von verschiedener Gestalt ausgedacht, mit deren Hilfe sie die Bewegungen und Stellungen der Sonne, des Mondes und ebenso der übrigen Gestirne, die innerhalb ihres Horizontes gesichtet werden, auf das genaueste erfassen können. Aber von freundlichem und feindlichem Verhalten der Planeten und überhaupt von jenem ganzen Schwindel des Wahrsagens aus den Sternen lassen sie sich nicht einmal etwas träumen. Regen, Wind und sonstige Wetterveränderungen verstehen sie aus gewissen, altüberlieferten Anzeichen vorauszusagen. Über die Ursachen aller dieser Erscheinungen, über die Strömungen und den Salzgehalt des Meeres und überhaupt im allgemeinen über den Ursprung des Himmels und der Erde und über die Natur stellen sie teilweise dieselben Erörterungen an wie unsere alten Weltweisen; wenn diese aber schon untereinander verschiedener Meinung sind, so weichen auch die Utopier teilweise von ihnen ab, indem sie neue Erklärungen für die Naturerscheinungen beibringen, sind aber auch unter sich nicht in allem einig.

In dem Teil der Philosophie, der von der Moral handelt, streiten sie über dieselben Dinge wie wir: sie fragen nach den Gütern der Seele und des Leibes und nach den äußeren Gütern, ferner ob der Name des ›Gutes‹ diesen allen oder nur den Gaben der Seele zukommt. Sie erörtern das Wesen der Tugend und des Vergnügens. Aber die erste und wichtigste aller Streitfragen ist die, worin die menschliche Glückseligkeit bestehe, ob in einem Dinge oder in mehreren. In diesem Punkte halten sie wohl mehr als billig zu der Partei, die für das Vergnügen eintritt, aus dem sie das menschliche

Glück überhaupt oder doch dessen wesentlichste Bestandteile ableiten. Und worüber du dich noch mehr wundern wirst: auch aus der Religion,[32] die doch eine ernste und strenge Lehre ist, ja fast immer düster und asketisch, entnehmen sie doch die Begründung für eine so sinnenfreudige Denkweise. Sie verhandeln nämlich niemals über die Glückseligkeit, ohne gewisse, aus der Religion entliehene Prinzipien mit der Philosophie zu verbinden, die auf Vernunftgründen beruht; ohne diese Prinzipien halten sie die Vernunft für unzureichend und zu schwach, um von sich aus zur Erkenntnis der wahren Glückseligkeit vorzudringen. Diese Grundsätze sind die folgenden: Die Seele ist unsterblich und durch Gottes Güte zur Glückseligkeit geschaffen. Für unsere Tugenden und guten Werke sind uns nach diesem Leben Belohnungen bestimmt, für unsere Missetaten Strafen. Das sind zwar religiöse Anschauungen, aber die Utopier meinen doch, daß auch die Vernunft dazu führe, daran zu glauben und sie zu billigen. Würden diese Grundsätze beseitigt, so erklären sie ohne jedes Schwanken, niemand werde dann so dumm sein, zu meinen, er dürfe nicht dem Vergnügen auf alle Weise, auf rechte und unrechte, nachjagen, wobei man sich allein davor hüten müsse, etwa ein geringeres Vergnügen einem größeren hinderlich werden zu lassen oder einem Vergnügen nachzugehen, das schmerzliche Rückwirkungen nach sich zieht. Denn einen dornenvollen und mühsamen Tugendpfad zu wandeln und nicht allein den Annehmlichkeiten des Lebens zu entsagen, sondern auch noch den Schmerz freiwillig zu erdulden, ohne davon irgendeinen Gewinn zu erwarten (denn was für Gewinn könnte daraus erwachsen, wenn man nach dem Tode nichts zu erreichen hofft, dieses ganze Leben aber freudlos, also jämmerlich, zugebracht hat?), das halten sie in der Tat für den Gipfel der Torheit. Nun meinen sie aber nicht, daß die Glückseligkeit in jede Art von Vergnügen bestehe, sondern nur im rechtschaffenen und ehrbaren. Zu diesem nämlich, als dem höchsten Gute, werde schon unsere Natur von der Tugend selbst angetrieben, während die entgegengesetzte Parteiansicht das Glück allein der

Tugend zuschreibt. Die Tugend definieren sie nämlich so: naturgemäß leben, sofern wir dazu von Gott geschaffen sind; und zwar folge der dem Zuge der Natur, der in allem, was er begehrt und was er meidet, der Vernunft gehorcht. Ferner entzünde die Vernunft in den Menschen vor allem anderen die Liebe und Verehrung der göttlichen Majestät,[33] der wir verdanken, daß wir sind und daß wir teilhaben dürfen an der Glückseligkeit. Sodann mahnt sie uns und spornt uns dazu an, unser Leben so sorgenfrei und froh als möglich zu führen und allen anderen Menschen zum gleichen Zwecke uns als Helfer zu erweisen, entsprechend unserer natürlichen Gemeinschaft mit ihnen. Hat es doch noch keinen gegeben, der ein so finsterer und strenger Anhänger der Tugend und geschworener Feind des Vergnügens wäre, daß er dir Strapazen, Nachtwachen und Kasteiung auferlegte, ohne dich gleichzeitig anzuweisen, deines Nächsten Not und Ungemach nach Kräften zu erleichtern, und der es nicht im Namen der Menschlichkeit für lobenswert hielte, daß ein Mensch dem anderen Gutes tut und Trost spendet. Ist es aber demnach das oberste Gebot der Menschlichkeit (und keine Tugend ist dem Menschen mehr zu eigen), den Kummer der Mitmenschen zu lindern, ihre Traurigkeit aufzuheitern und ihrem Leben die Freudigkeit, mit anderen Worten, das Vergnügen, wiederzuschenken, ja, wird dann nicht ein jeder schon von Natur dazu getrieben, dieselbe Wohltat auch sich selber zuzuwenden?

Denn entweder ist ein angenehmes, das heißt also ein vergnügtes Leben moralisch verwerflich, dann darfst du nicht nur keinem Menschen dazu verhelfen, sondern mußt es sogar allen Leuten soviel als möglich zu nehmen suchen, weil es ihnen ja schädlich und höchst verderblich ist! Oder aber, wenn das Vergnügen etwas Gutes ist, das du deinem Nächsten verschaffen darfst, ja vielmehr sollst, warum nicht vor allen Dingen deiner eigenen Person, der du doch nicht weniger gewogen sein solltest als anderen Leuten? Denn wenn die Natur dich mahnt, gegen andere gut zu sein, verlangt sie doch nicht gleichzeitig von dir, gegen dich selber erbarmungslos zu

*Die Utopier haben deshalb dieses ganze Geschäft des Jagens als eine Sache,
die freier Männer unwürdig ist, an die Metzger verwiesen,
deren Handwerk sie – wie bereits erwähnt – durch Sklaven abmachen lassen.*

wüten! Deshalb meinen auch die Utopier, die Natur selbst habe uns vielmehr ein angenehmes Leben, das heißt eben das Vergnügen, als Ziel aller unserer Handlungen vorgezeichnet, und nach ihrer Vorschrift leben, nennen sie Tugend.[34] Aber zugleich lädt die Natur die Menschen ein zu gegenseitiger Hilfe bei dem Versuch, das Leben fröhlich zu gestalten; und das tut sie gewiß mit Recht, denn kein einzelner ist so hoch erhaben über dem allgemeinen Menschenlose, daß die Natur für ihn allein sorgen müßte, die doch alle zusammen mit gleicher Gunst und durch das gemeinschaftliche Band derselben Menschengestalt umfängt; und eben deshalb heißt sie dich wieder und wieder achtgeben, daß du nicht deinem eigenen Vorteil in einer Weise nachgehst, die anderen Leuten Schaden bringen könnte. Darauf beruht auch nach ihrer Ansicht die Heiligkeit nicht bloß der Privatverträge, sondern auch der öffentlichen Bestimmungen über die Teilung der Lebensgüter, das heißt eben der materiellen Grundlage des Vergnügens, mögen diese Bestimmungen nun von einem wohlgesinnten Fürsten auf gesetzlichem Wege erlassen sein oder auf der allgemeinen Übereinkunft eines Volkes beruhen, das weder durch Tyrannenmacht noch durch Betrug in seinem Willen behindert ist. Für dein eigenes Wohl zu sorgen, ohne diese Gesetze zu verletzen, gebietet die Klugheit, darüber hinaus an das öffentliche Wohl zu denken, das Pflichtgefühl. Jedoch deinem Nächsten sein Vergnügen unbekümmert entreißen, wenn du nur dein eigenes erjagst, das ist allemal Unrecht. Vielmehr dir selber etwas abziehen, um es anderen zuzulegen, ist Pflicht der Menschlichkeit und Güte und nimmt dir niemals so viel von deinem Glück, als es dir wieder einbringt. Denn es wird später durch die Gegenleistung anderer Wohltaten aufgewogen, und überdies bringt das bloße Bewußtsein, Gutes getan zu haben, und der Gedanke an die Liebe und das Wohlwollen der von dir Beschenkten deinem Herzen eine größere Freude, als jenes Vergnügen deines Körpers dir hätte verschaffen können, auf das du verzichtet hast. Und endlich überzeugt ein zum Glauben bereites Gemüt sich leicht aus seiner Religion, daß Gott ein kurzes und geringes Vergnügen dereinst mit unermeßlicher und niemals endender Freude vergilt. Nach alledem ist denn ihre Meinung: wenn man die Sache gründlich prüft und durchdenkt, so zeigt sich, daß alle unsere Handlungen, und darunter sogar die tugendhaften, in letzter Linie auf das Vergnügen und die Glückseligkeit als auf ihren Zweck abzielen.

Vergnügen nennen die Utopier jede Bewegung und jeden Zustand des Leibes und der Seele, in denen die Natur uns mit Behagen verweilen heißt. Nicht ohne Grund fügen sie hinzu, daß die Natur danach verlange. Denn ›von Natur‹ ist alles das wohlgefällig, was weder auf dem Wege des Unrechts begehrt wird noch etwas Angenehmes unmöglich macht, noch Mühe und Arbeit im Gefolge hat, alles also, wonach nicht nur das sinnliche Begehren, sondern auch die gesunde Vernunft verlangt. Und so erklären sie alle jene Dinge für wertlos zur Glückseligkeit, die von den Menschen gegen die Ordnung der Natur fälschlich als angenehm bezeichnet werden, nach einem höchst törichten allgemeinen Sprachgebrauch, gerade als ob es bei uns stünde, mit den Worten auch die Dinge zu ändern; ja, die Utopier halten diese Dinge sogar für das größte Hindernis der Glückseligkeit, und zwar deshalb, weil sie die Seele des Menschen, in deren Wünschen sie sich einmal eingenistet haben, sogleich völlig mit verkehrten Meinungen über das Vergnügen erfüllen, so daß nirgends Raum bleibt für das wahre und unverfälschte Glück. Gibt es doch sehr viele Dinge, die ihrer eigentlichen Natur nach durchaus nichts Verlockendes an sich haben, ja sogar meist recht unerfreulich sind, aber gleichwohl dank der Verlockung verkehrter und ruchloser Begierden das höchste Vergnügen erwecken und sogar zu den wichtigsten Angelegenheiten des Lebens gezählt werden.

Zu den unechten Vergnügungen dieser Art rechnen sie die Genüsse der Leute, von denen ich schon früher sprach: die sich um so besser dünken, je besser ihr Anzug ist;[35] wobei sie in diesem einen Punkte sich zweifach irren. Denn sie sind ebenso auf dem Holzwege, wenn sie ihren Anzug, als wenn sie sich selbst für etwas Besseres halten. Wenn man nämlich den praktischen Zweck der Kleidung im Auge hat, warum sollte dann ein Tuch mit feinerem Gewebe besser sein als eins mit grobem? Und doch tragen diese Leute die Nase so hoch, als ob sie von Natur, nicht durch einen bloßen Irrtum vor anderen etwas gelten dürften, und meinen wirklich, es käme ihnen von daher ein gewisser Wert zu; deshalb fordern sie auch für ihren eleganten Anzug Ehrenbezeigungen, auf die sie in geringerer Kleidung nicht wagen würden zu hoffen, gerade als wäre das ihr gutes Recht, und sind empört, wenn man sie ohne besondere Höflichkeit an sich vorübergehen läßt.

Aber ist nicht auch diese Sitte, aus eitlen und nutzlosen Ehrenbezeigungen sich so viel zu machen, ebenso unsinnig? Oder welches natürliche und wahre Vergnügen sollte einem der entblößte Scheitel oder das gebeugte Knie eines anderen machen? Wird dadurch vielleicht ein Schmerz in deinen eigenen Knien geheilt? Oder wird es die Verwirrung in deinem eigenen Schädel mildern? Ebenso ist es erstaunlich, mit welchem Behagen und wie unsinnig sich an solchem Trugbilde eines unechten Vergnügens die Leute erfreuen, die sich selber mit einer hohen Meinung von ihrem Adel schmeicheln;[36] sie klatschen sich selber Beifall, weil es ihnen widerfahren ist, von Vorfahren abzustammen, von denen eine lange Reihe für reich gilt (denn anders gibt es ja heutzutage keinen Adel!), besonders für reich in Landgütern. Gleichwohl dünken sie sich aber um kein Haar weniger vornehm, wenn ihnen die Vorfahren auch nichts von ihrem Besitz hinterlassen oder sie selber ihr Erbe durchgebracht haben.

In dieselbe Reihe stellen die Utopier, wie schon gesagt, auch die Leute, die in kostbare und edle Steine vernarrt sind und sich einbilden, sie wären gewissermaßen zu göttlichen Ehren gekommen, wenn sie einmal einen besonders wertvollen Stein erwischen,[37] zumal wenn er von der Art ist, die zu ihrer Zeit unter ihren Landsleuten am meisten geschätzt wird; denn nicht überall und nicht zu allen

Zeiten stehen dieselben Arten hoch im Preise. Darum kaufen sie aber auch Edelsteine nicht anders als ohne Goldfassung und unverhüllt, und auch dann nur, wenn der Verkäufer einen Eid leistet und Bürgschaft stellt, die Gemme oder der Edelstein sei echt: so besorgt sind sie, der Augenschein könne sie täuschen und ein gefälschter Stein statt eines echten untergeschoben werden! Aber da du den Edelstein doch betrachten willst, warum sollte dir da eigentlich ein nachgemachter weniger Vergnügen machen, obwohl du ihn doch mit bloßem Auge gar nicht vom echten unterscheiden kannst? Beide sollten gleichviel wert sein, bei Gott, für dich genau so gut wie für einen Blinden! Und was soll man von denen sagen, die überschüssige Schätze aufbewahren, nicht um das aufgehäufte Geld irgendwie zu verwerten, sondern nur um sich an dessen Anblick zu weiden?[38] Haben sie etwa eine echte Freude, oder werden sie nicht vielmehr von einem Scheinvergnügen genarrt? Oder von denen, die in den entgegengesetzten Fehler verfallen und ihr Gold, das sie niemals nützlich verwenden, ja vielleicht niemals wiedersehen werden, vergraben und so aus lauter Angst vor etwaigem Verlust es wirklich verlieren? Denn was heißt es anderes als sein Geld verlieren, wenn man es seinem eigenen und vielleicht dem menschlichen Gebrauche überhaupt entzieht und der Erde wiedergibt? Und doch frohlockst du über den versteckten Schatz, als dürftest du nun gute Zuversicht haben? Nimm an, er würde dir gestohlen, du wüßtest aber nichts von diesem Diebstahl und stürbest zehn Jahre später, was hätte es dir dann in den ganzen zehn Jahren, die du dein gestohlenes Geld überlebst, ausgemacht, ob es davongetragen oder unangetastet war? Kein Zweifel, so oder so hättest du genau den gleichen Nutzen daraus gezogen!

Zu diesen unvernünftigen Freuden rechnen sie ferner die Vergnügungen der Würfelspieler (von deren Torheiten sie freilich nur durch Hörensagen, nicht aus eigener Erfahrung wissen) sowie die der Jäger und Falkner. Denn was für ein Vergnügen, meinen sie, ist dabei, die Würfel auf das Spielbrett zu werfen, was man doch so oft wiederholt, daß einem schon aus der ewigen Wiederholung der Überdruß entstehen könnte, wenn wirklich irgendein Vergnügen darin stecken sollte? Und wie kann es Gefallen erwecken und nicht vielmehr Widerwillen, das Gekläff und Geheul der Hunde zu hören? Oder wieso macht es größeres Vergnügen, wenn der Hund hinter dem Hasen, als wenn der eine Hund hinter dem anderen herjagt? Handelt es sich doch in beiden Fällen um denselben Vorgang: es wird gerannt – falls das Vergnügen im Rennen bestehen sollte. Oder ist es etwa die Hoffnung auf den Mord, die dich fesselt, erwartest du die Zerfleischung, die sich unter deinen Augen vollziehen soll? Lieber sollte dich das Mitleid packen, wenn du zusiehst, wie das arme Häslein von dem Hunde zerrissen wird: der Schwache von dem Stärkeren, der Scheue und Furchtsame von dem Wilden, der Harmlose von dem Grausamen! Die Utopier haben deshalb dieses ganze Geschäft des Jagens als eine Sache, die freier Männer unwürdig ist, an die Metzger verwiesen, deren Handwerk sie – wie bereits erwähnt – durch Sklaven abmachen lassen. Sie erklären nämlich die Jagd für die niederste Verrichtung dieses Handwerks, dessen andere Tätigkeiten sie für nützlicher und anständiger halten, weil dabei die Tiere weit mehr geschont und nur der Notwendigkeit halber umgebracht werden, während der Jäger nur sein Vergnügen in dem Morden und Zerfleischen des armen Tieres sucht. Diese Lust am Schauspiel des Mordes, meinen sie, entspringe sogar bei den wilden Tieren aus grausamen Gefühlsregungen oder arte doch schließlich, bei ständiger Wiederholung so roher Vergnügungen, zur Grausamkeit aus. Alle Genüsse dieser und ähnlicher Art (denn es gibt deren unzählige) gelten zwar bei der großen Menge der Menschen als Vergnügen, die Utopier jedoch erklären rundweg, das alles habe mit dem echten Vergnügen gar nichts zu tun, da von Natur nichts Erfreuliches daran sei. Denn wenn diese Genüsse auch gewöhnlich die Sinne mit Wohlbehagen erfüllen, was doch notwendig zum Vergnügen zu gehören scheint, so bringt sie das durchaus nicht von ihrer Meinung ab; ist doch nicht die Natur der

Sache selber der Grund dafür, sondern die verkehrte Gewohnheit der Menschen, durch deren Schuld es geschehen kann, daß man bitter für süß hinnimmt, genauso wie schwangere Frauen mit entstellter Geschmacksempfindung Pech und Talg für süßer als süßen Honig halten. Aber das durch Krankheit oder schlechte Gewohnheit verdorbene Urteil des einzelnen kann noch lange nicht die Natur umkehren, die Natur anderer Dinge ebensowenig wie die des Vergnügens.

Unter den Vergnügungen, die sie als echt anerkennen, unterscheiden sie verschiedene Arten: solche der Seele und solche des Leibes. Zu den Freuden der Seele rechnen sie die Verstandestätigkeit und die süße Empfindung, die der Betrachtung der Wahrheit entspringt. Dazu kommt das angenehme Bewußtsein eines rechtschaffenen Lebenswandels und die gewisse Hoffnung auf das künftige Heil. Die körperlichen Lustempfindungen teilen sie in zwei Arten. Die erste Art besteht darin, daß sich ein deutliches Wohlbehagen durch die Sinne ergießt. Das geschieht zum Teil durch Erneuerung der Bestandteile des Körpers, die erschöpft sind durch die in uns stattfindende Wärmeerzeugung (sie werden uns nämlich durch Speise und Trank wieder zugeführt), zum Teil durch Abstoßen jener Stoffe, an denen der Körper Überfluß hat; das erfolgt durch die Entleerung der Eingeweide von den natürlichen Abgängen, oder auch bei der Kindererzeugung, oder wenn das Jucken irgendeines Körperteils durch Reiben oder Kratzen gelindert wird. Zuweilen aber entsteht ein Vergnügen, ohne dem Körper irgend etwas zuzuführen, wonach unsere Glieder begehren, und ohne etwas zu entfernen, das ihnen lästig ist; und doch vermag eine solche Empfindung unsere Sinne mit einer gewissen dunkeln Gewalt, geheimnisvoll, aber in einer herrlichen Erregung zu kitzeln und zu erschüttern und an sich zu ziehen; solche Wirkung hat zum Beispiel die Musik.

Die zweite Art von körperlichem Vergnügen wollen sie in dem Behagen sehen, das auf einem ruhigen und gleichmäßigen Zustand des Körpers beruht, das heißt also auf der durch keinerlei Übelbefinden unterbrochenen Gesundheit des einzelnen Menschen. Die Gesundheit erzeugt ja schon an und für sich Wohlbehagen, wenn ihr keinerlei Schmerz entgegenwirkt, auch wenn der Körper durch keine von außen kommende Lust erregt wird. Zwar macht sie sich weniger bemerkbar und drängt sich den Sinnen nicht so sehr auf, wie die ewig vorlaute Lust am Essen und Trinken; aber nichtsdestoweniger wird sie von vielen für die größte, von den meisten Utopiern jedenfalls für eine große Freudenquelle und gewissermaßen für die Grundlage und Voraussetzung alles Vergnügens erklärt. Ist sie es doch allein, die uns das Leben angenehm und wünschenswert macht, und wo sie zerstört ist, da findet sich nirgends und bei niemandem mehr Raum für irgendein Vergnügen. Denn auch den völligen Mangel an Schmerzen, wenn dabei die Gesundheit fehlt, nennen sie nicht Vergnügen, sondern vielmehr Stumpfheit. Schon längst gilt bei ihnen die Behauptung der Philosophen als abgetan, die der Meinung waren (denn auch diese Frage ist bei ihnen emsig erörtert worden), die beständige und ungestörte Gesundheit sei deshalb nicht für ein Vergnügen zu halten, weil man das Vorhandensein eines solchen nur aus Anlaß einer äußeren Erregung empfinden könne. Vielmehr sind sie im Gegenteil jetzt fast alle darüber einig, daß die Gesundheit sogar ein besonders wichtiges Vergnügen sei. Wenn nämlich zur Krankheit der Schmerz gehört, sagen sie, der doch ein unversöhnlicher Feind des Vergnügens ist, ebenso wie die Krankheit den Gegensatz zur Gesundheit bildet, sollte dann nicht entsprechend zur ungestörten Gesundheit das Vergnügen gehören? Dabei macht es nach ihrer Meinung nichts aus, ob man die Krankheit selber als Schmerz oder den Schmerz nur als Attribut der Krankheit bezeichnet: die Wirkung sei ja in beiden Fällen dieselbe. Mag nämlich (dementsprechend) die Gesundheit selber ein Vergnügen sein oder nur das Vergnügen mit Notwendigkeit hervorrufen, ähnlich wie die Hitze vom Feuer erzeugt wird, jedenfalls ist die Wirkung beide Male, daß den Menschen, die sich einer unerschütterten Gesundheit erfreuen, das Vergnügen nicht fehlen kann. Überdies sagen sie: wenn wir essen, was geht da anderes vor sich, als daß die Gesundheit, die im Rückgang begriffen war, mit Unterstützung der Speise gegen den Hunger ankämpft, dabei allmählich erstarkt, den Menschen wieder zu seinen gewohnten Kräften bringt und uns unterdessen das Vergnügen einflößt, daß wir so erquickt werden? Wenn aber demnach die Gesundheit schon während des Kampfes Freude bringt, sollte sie dann nicht erst recht nach errungenem Siege fröhlich sein? Wenn sie ihre frühere Stärke, die während des ganzen Kampfes ausschließlich ihr Ziel war, endlich glücklich wiedergewonnen hat, sollte sie dann mit einem Male gefühllos werden und ihr Glück nicht erkennen und keinen Wert darauf legen? Denn daß man der Gesundheit nachsagt, man könne sie nicht empfinden, das ist nach Ansicht der Utopier vollends verkehrt. Wer merkt denn nicht in wachem Zustand, sagen sie, daß er gesund ist, außer einem, der es eben nicht ist? Wen hält Stumpfsinn oder Lethargie so völlig in Banden, daß er nicht zugeben möchte, die Gesundheit sei ihm angenehm und erfreulich? Was ist aber Freude anderes als ein anderer Name für Vergnügen?

Sie legen nach alledem den Höchstwert auf die seelischen Vergnügungen, die ihnen als die ersten und wichtigsten von allen erscheinen und die nach ihrer Meinung in der Hauptsache aus der Übung der Tugend und dem Bewußtsein eines rechtschaffenen Lebenswandels hervorgehen. Unter den Vergnügungen des Körpers erkennen sie den Preis der Gesundheit zu.[39] Denn den Wohlgeschmack des Essens und Trinkens und alles, was zu derselben Art von Leibesfreuden gehört, erklären sie zwar für erstrebenswert, aber nur um der Gesundheit willen. Denn das alles sei nicht an und für sich erfreulich, sondern nur insofern es einen Widerstand bildet gegen das unvermerkte Aufkommen von Gesundheitsstörungen. Wie darum jeder Verständige mehr Abneigung gegen Krankheiten als Verlangen nach Arznei bekundet und lieber die Schmerzen ausrotten als sich Trostmittel beschaffen möchte, so wäre es an sich

*Die Abhandlung des Theophrast ist freilich zu meinem Bedauern
an verschiedenen Stellen lückenhaft; über den Band hatte sich nämlich während der Meerfahrt,
ohne daß ich darauf achtete, eine Meerkatze hergemacht, die in mutwilligem Spiel
hier und dort ein paar Blätter herausriß und zerfetzte.*

auch besser, man brauchte diese Art Vergnügungen gar nicht, als daß man sie als Wohltat empfindet. Sollte sich wirklich jemand für beglückt halten durch diese Art von Vergnügungen, so müßte er notwendigerweise auch zugeben, er wäre dann am glücklichsten, wenn ihm ein Leben beschieden wäre, das er in beständigem Hunger, Durst und Jucken, mit Essen, Trinken, Kratzen und Reiben verbrächte. Wer sieht aber nicht ein, daß ein solches Leben ekelhaft und jämmerlich zugleich wäre? In der Tat sind das die geringsten Freuden von allen, weil sie durchaus keinen reinen Genuß bieten. Denn niemals treten sie ohne Verbindung mit den entgegengesetzten Schmerzen auf. So ist mit der Lust am Essen der Hunger verbunden, und zwar keineswegs in gleichem Verhältnis; denn der Schmerz ist nicht nur stärker, sondern dauert auch länger, da er ja bereits vor Beginn des Vergnügens entsteht und erst gleichzeitig mit dem Aufhören des Vergnügens erlischt.

Von Vergnügen dieser Art, soweit sie nicht die Notdurft fordert, halten die Utopier also nicht viel. Immerhin haben sie auch an ihnen ihre Freude und erkennen dankbar die Güte der Mutter Natur an, die ihre Kinder mit den verlockendsten Empfindungen des Wohlbehagens zu den Verrichtungen anreizt, die nun einmal um der Notdurft willen immer wieder vollzogen werden müssen. Wie ekelhaft wäre doch das Leben, wenn wir ebenso wie die anderen Erkrankungen, die uns seltener anfallen, so auch diese täglichen Gebrechen des Hungers und Durstes durch Gifte und bittere Arzneimittel bekämpfen müßten! Dagegen legen die Utopier großen Wert auf körperliche Schönheit, Kraft und Behendigkeit, die sie als eigentliche und willkommene Geschenke der Natur betrachten. Aber auch diejenigen Genüsse, die wir durch Auge, Ohr und Nase aufnehmen und die nach dem Willen der Natur dem Menschen in besonderer Weise eigentümlich sind (denn keine andere Gattung von beseelten Geschöpfen erblickt bewundernd den herrlichen Bau und die Schönheit der Welt, empfindet die Anmut wohliger Düfte – es sei denn, um die Nahrung daran zu erkennen – und unterscheidet die Tonabstände harmonischer und dissonierender Klänge), auch diese Freuden also suchen sie als eine Art angenehme Würze des Lebens zu genießen. In alledem aber halten sie darauf, daß nicht ein geringerer Genuß dem größeren im Wege stehen und niemals das Vergnügen den Schmerz nach sich ziehen darf, wie es nach ihrer Ansicht notwendig geschieht, sobald das Vergnügen unziemlich ist. Dagegen halten sie es allerdings für geradezu wahnwitzig, den Reiz körperlicher Schönheit zu verachten, die Kräfte des Körpers zu zermürben, Gelenkigkeit in Trägheit zu verkehren, den Leib durch Fasten zu erschöpfen, die Gesundheit zu vergewaltigen und auch sonst die Lockungen der Natur zu verschmähen, es sei denn, daß einer nur deshalb in dieser Weise sich selber schädigt, um desto eifriger das Wohl seiner Mitmenschen oder des Staates zu fördern und als Vergeltung für diese Strapazen um so größere Freuden von Gott erwartet; dagegen sich selber aufreiben, ohne irgendeinem Menschen zu nützen, bloß um eines nichtigen Schattens von Tugend willen, oder bloß um sich gegen künftige Widerwärtigkeiten abzuhärten, die sich vielleicht niemals ereignen werden – das erscheint ihnen ganz unsinnig: als Grausamkeit gegen die eigene Person und zugleich als höchste Undankbarkeit gegen die Natur, auf deren gute Gaben man auf diese Weise gänzlich verzichtet, gleich als ob man zu stolz wäre, ihr irgend etwas zu verdanken.

Das ist die Ansicht der Utopier über Tugend und Vergnügen, und falls nicht eine vom Himmel herabgesandte Religion dem Menschen einen frömmeren Gedanken einhauchen sollte, so meinen sie, sei keine Ansicht zu finden, die nach menschlicher Vernunft der Wahrheit näher käme. Ob sie nun darin recht haben oder unrecht, das zu untersuchen fehlt uns die Zeit und ist auch nicht nötig, da wir ja nur von ihren Einrichtungen zu erzählen, nicht aber sie zu verteidigen uns vorgenommen haben.

Aber davon bin ich freilich fest überzeugt, mag es mit diesen Behauptungen stehen, wie es will: nirgends ist das Volk tüchtiger, nirgends der Staat glücklicher als dort. Körperlich sind sie beweglich und rüstig und kräftiger, als ihre Statur erwarten läßt; doch ist diese nicht gerade unansehnlich. Obwohl der Boden nicht überall fruchtbar und das Klima nicht besonders mild ist, härten sie sich gegen die Witterung durch mäßige Lebensweise so ab und verbessern das Ackerland mit solchem Fleiße, daß nirgends in der Welt der Ertrag an Frucht und Vieh reicher ist, nirgends die Menschen langlebiger und gegen Krankheiten weniger anfällig sind. Man kann deshalb dort nicht nur mit Sorgfalt betrieben sehen, was zur gewöhnlichen Tätigkeit des Landwirts gehört, wie sie dem von Natur geringeren Boden durch künstliche Mittel und fleißige Arbeit nachhelfen, sondern ganze Wälder werden von Menschenhand ausgerodet und anderswo angepflanzt! Dabei sind nicht Rücksichten auf die Fruchtbarkeit, sondern auf die Transportverhältnisse maßgebend: man wünscht das Holz in größerer Nähe des Meeres oder der Flüsse oder der Städte selbst zu haben, weil man auf den Landwegen mit geringerer Mühe Getreide als Holz von weither verfrachten kann. Es ist ein gewandtes, witziges und regsames Völkchen, das sich seiner Muße freut, in körperlicher Arbeit, wenn nötig, genügend Ausdauer zeigt, sonst aber nicht mehr als vernünftig danach verlangt, dagegen unermüdlich ist in geistigen Interessen.

Als sie durch uns von der Literatur und Wissenschaft der Griechen hörten (denn von den Lateinern, dachte ich, würde ihnen außer den Historikern und Dichtern doch nichts besonders gefallen), da war es merkwürdig, mit welchem Eifer sie darauf drängten, diese Literatur mit Hilfe unserer Erklärung verstehen zu lernen. Wir finden also den Unterricht an, anfangs mehr, um den Anschein zu vermeiden, als wäre es uns der Mühe zu viel, als daß wir irgendein fruchtbares Ergebnis davon erwartet hätten. Aber kaum waren wir ein wenig vorangekommen, da merkten wir sogleich, daß unser Eifer dank ihres Fleißes durchaus nicht verschwendet sein würde; denn sie verstanden es von Anfang an, die Gestalt der Buchstaben mit solcher Leichtigkeit nachzuschreiben, die Worte so gewandt auszusprechen, so schnell zu behalten und mit solcher Treue zu wiederholen, daß es uns wie ein Wunder erschien; freilich gehörte der größte Teil von ihnen, da sie nicht bloß von freiwilligem Lerneifer angetrieben wurden, sondern auch auf Senatsbefehl diese Studien unternahmen, zu den erlesensten Talenten unter den literarisch Gebildeten und zu den älteren Jahrgängen. So waren denn noch keine drei Jahre um, da gab es nichts Sprachliches mehr, wonach sie noch zu fragen hatten, um gute Autoren ohne Anstoß lesen zu können, abgesehen von Textfehlern des jeweils gelesenen Buches.

Sie eigneten sich diese Kenntnisse aber auch deshalb besonders leicht an (so vermute ich wenigstens), weil ihre eigene Sprache einigermaßen verwandte Züge besitzt. Ich denke mir nämlich, dieses Volk muß von den Griechen abstammen, weil ihre Sprache, die im übrigen fast persisch klingt, noch einige Spuren der griechischen Sprache in den Bezeichnungen der Städte und Behörden festhält. Sie besitzen durch meine Vermittlung folgende Bücher (als ich nämlich meine vierte Seereise antrat, packte ich einen ganz ansehnlichen Stoß Bücher statt Waren in das Schiff, von vornherein fest entschlossen, lieber gar nicht als bald zurückzukehren): die meisten Werke Platos, mehrere Schriften des Aristoteles, ferner die Abhandlung des Theophrast über die Pflanzen; das Exemplar ist freilich zu meinem Bedauern an verschiedenen Stellen lückenhaft; über den Band hatte sich nämlich während der Meerfahrt, ohne daß ich darauf achtete, eine Meerkatze hergemacht, die in mutwilligem Spiel hier und dort ein paar Blätter herausriß und zerfetzte. Von den Grammatikern besitzen sie den Laskaris vollständig, den Theodoros hatte ich nämlich nicht mitgenommen, und auch kein Wörterbuch außer dem Hesychios und Dioskorides.[40] Die kleinen Schriften Plutarchs lieben sie über alles, und auch von dem Witz und der Anmut Lukians wurden sie gefesselt. Von den Poeten besitzen sie Aristophanes, Homer und Euripides, sodann den Sophokles in den kleinen Typen des Aldus;[41] von Historikern den Thukydides und Herodot sowie den Herodian. Sogar ein paar medizinische Bücher hatte mein Genosse Tricius Apinatus mitgebracht: einige kleinere Abhandlungen des Hippokrates und die Mikrotechne des Galen.[42] Diese Bücher schätzen sie sehr hoch; denn wenn sie auch die ärztliche Kunst vielleicht am wenigsten von allen Völkern nötig haben, so steht sie doch nirgends mehr in Ehren, und zwar deshalb, weil sie ihre Kenntnis zu den schönsten und nützlichsten Teilen der Philosophie rechnen. Indem sie mit Hilfe dieser Wissenschaft die Geheimnisse der Natur erforschen, glauben sie nicht allein ein wunderbares Vergnügen daraus zu ziehen, sondern obendrein bei dem Urheber und Werkmeister der Natur sich höchste Anerkennung zu verdienen. Denn sie meinen, dieser habe, ähnlich wie andere schaffende Künstler, den bewundernswerten Mechanismus dieses Weltalls dem Menschen, den er allein befähigt hat, ein so riesenhaftes Kunstwerk in sich aufzunehmen, zur Betrachtung hingestellt; und darum habe er lieber einen wißbegierigen und eifrigen Betrachter und Bewunderer seines Werkes, als einen Menschen, der wie ein vernunftloses Tier ein so gewaltiges und wundervolles Schauspiel stumpf und unbewegten Herzens unbeachtet läßt.

So sind denn auch die Utopier, dank ihrer wissenschaftlichen Schulung, merkwürdig begabt für technische Erfindungen, die zur Erleichterung einer behaglichen Lebensführung praktischen Nutzen bieten. Zwei solcher Erfindungen verdanken sie indessen uns: die Buchdruckerkunst und die Papierbereitung, das heißt nicht uns allein, sondern zum guten Teil auch sich selber. Als wir ihnen nämlich die Drucke des Aldus in Büchern aus Papier zeigten und ihnen von der Papiermasse und dem Druckverfahren mehr nur andeutungsweise berichteten als eine Erklärung gaben (denn keiner von uns verstand eine oder die andere Technik), da errieten sie sofort mit großem Scharfsinn das Verfahren, und während sie vorher nur auf Häuten, Rinde und Papyrusbast zu schreiben verstanden, versuchten sie jetzt auf der Stelle Papier anzufertigen und zu bedrucken. Zwar kamen sie anfangs nicht recht damit zu Rande, aber sie stellten immer neue Versuche an und hatten in beiden Techniken bald Erfolg, ja sie brachten es so weit, daß es ihnen an Druckexemplaren griechischer Werke nicht fehlen könnte, wenn nur Handschriften dort vorhanden wären. So dagegen besitzen sie nicht mehr, als von mir erwähnt ist; was sie aber besitzen, das haben sie bereits durch den Druck in Auflagen von vielen tausend Exemplaren vervielfältigt.

Jeder Fremde, der schaulustig dorthin kommt, wenn ihn irgendeine besondere Geistesgabe auszeichnet oder wenn ihn die auf langer Wanderfahrt erworbene Kenntnis vieler Länder empfiehlt (aus diesem Grunde war ihnen unsere Landung willkommen), wird mit offenem Herzen aufgenommen; denn sie lassen sich gern erzählen, was überall in der Welt vor sich geht. Dagegen des Handels wegen empfangen sie nicht gerade häufig Besuche. Was sollten auch die Zureisenden dort einführen außer Eisen oder Gold und Silber, das doch jeder lieber mit zurückbringen möchte? Ihre eigenen Ausfuhrartikel dagegen glauben sie mit gutem Grunde besser selbst zu exportieren, als von anderen abholen zu lassen, weil sie so die auswärtigen Völker ringsum besser kennenzulernen hoffen und nicht als Seefahrer Praxis und Erfahrung verlieren wollen.

Von den Sklaven Zu Sklaven machen sie nicht die Kriegsgefangenen – außer wenn der Krieg von ihnen selber geführt ist –, auch nicht die Nachkommen von Sklaven und überhaupt nicht jemand, den sie bei anderen Völkern als Sklaven kaufen könnten, sondern entweder solche Menschen, die bei ihnen selbst wegen eines Verbrechens der Sklaverei verfallen sind, oder solche, die in auswärtigen Städten wegen irgendeiner Untat zum Tode verurteilt sind; letztere Klasse ist bei weitem zahlreicher. Davon holen sie sich nämlich viele; zuweilen sind sie um ein billiges zu haben, noch öfter ganz umsonst. Diese Art von Sklaven halten sie nicht nur beständig in Arbeit, sondern auch in Fesseln, ihre eigenen Landsleute unter diesen Sklaven behandeln sie aber härter; denn diese halten sie deshalb für verworfener und erachten sie einer härteren Strafe für wert, weil sie trotz einer ausgezeichneten Erziehung und der vortrefflichsten Anleitung zur Tugend doch nicht vom Verbrechen sich haben abhalten lassen.

Eine andere Klasse von Sklaven wird dadurch gebildet, daß mancher sich plackende und arme Knecht eines fremden Volkes es vorzieht, freiwillig bei ihnen als Sklave zu sein. Diese behandeln sie anständig und nicht viel weniger human als ihre Bürger, nur daß ihnen ein wenig mehr Arbeit zugemutet wird, an die sie ja gewöhnt sind. Will einer fortziehen, was nicht häufig vorkommt, so halten sie ihn nicht wider seinen Willen zurück und lassen ihn nicht mit leeren Händen scheiden.

Die Kranken pflegen sie, wie bereits gesagt, mit großer Hingebung, und sie unterlassen nichts, wodurch sie ihnen wieder zur Gesundheit verhelfen könnten, sei es durch Arzneien oder durch Diät. Sogar die unheilbar Kranken sucht man zu trösten, indem man sich zu ihnen setzt, mit ihnen spricht und ihnen überhaupt alle mögliche Erleichterung verschafft. Indessen wenn die Krankheit nicht nur unheilbar ist, sondern auch noch den Kranken beständig quält und martert, dann reden die Priester und Behörden ihm zu, er möge bedenken, daß er allen Berufspflichten seines Lebens nicht mehr gewachsen, anderen zur Last und sich selber schwer erträglich sei und somit seinen eigenen Tod bereits überlebe; deshalb möge er nicht darauf bestehen, die Seuche und Ansteckung noch weiter zu nähren und nicht zaudern, in den Tod zu gehen, da ihm das Leben doch nur ein Qual sei; somit möge er getrost und guter Hoffnung sich selbst aus diesem schmerzensreichen Leben wie aus einem Kerker oder einer Folter befreien oder willig gestatten, daß andere ihn der Qual entrissen. Daran werde er weise handeln, da er durch den Tod ja nicht die Freuden, sondern nur die Marter des Lebens abkürze; zugleich aber werde es eine rechtschaffene und fromme Tat sein, da er ja damit nur dem Rate der Priester gehorche, die Gottes Willen auslegen. Wen sie mit diesen Gründen überzeugen, der endet sein Leben freiwillig durch Fasten oder findet in der Betäubung ohne eine Todesempfindung seine Erlösung. Gegen seinen Willen aber schaffen sie niemanden beiseite, vernachlässigen auch um der Weigerung willen in keiner Weise die Pflege des Kranken. Wer sich überreden läßt, so zu sterben, wird hoch in Ehren gehalten. Wer sich aber das Leben nimmt aus einem von Priestern und Senat nicht gebilligten Grunde, wird weder der Beerdigung noch der Verbrennung für würdig gehalten; statt dessen wirft man ihn in irgendeinen Sumpf und läßt ihn schimpflich unbegraben.

Das Weib heiratet nicht vor dem achtzehnten Lebensjahre, der Mann noch vier Jahre später. Wird ein Mann oder ein Weib vor der Ehe des verbotenen Geschlechtsverkehrs überführt, so wird das streng an ihm und ihr geahndet und beiden wird die Ehe gänzlich verboten, falls sie nicht vom Fürsten begnadigt werden. Aber auch der Hausvater und die Hausmutter, in deren Hause das Vergehen begangen ist, laufen Gefahr sehr übler Nachrede, weil sie ihre Pflicht nicht mit genügender Sorgfalt erfüllt haben. Sie bestrafen dieses Vergehen deswegen so streng, weil sie voraussehen, daß nur selten ein Paar sich in ehelicher Liebe vereinigen würde, wenn man das freie Konkubinat nicht mit allen Mitteln erschwerte; muß man doch in der Ehe das ganze Leben mit einem Menschen zusammen hinbringen und obendrein so manche Unannehmlichkeit ertragen, die dieses Verhältnis mit sich bringt!

Ferner beobachten sie bei der Auswahl der Gatten ganz ernsthaft und mit Strenge einen Brauch, der uns höchst unschicklich, ja überaus komisch erschien. Eine würdige und ehrbare Matrone führt nämlich das zur Heirat begehrte Weib, sei es nun eine Witwe oder ein Mädchen, dem Freier nackend vor, und entsprechend stellt ein ehrenwerter Mann dem Mädchen den Freier nackend vor. Während wir nun diese Sitte als unschicklich lachend mißbilligten, wunderten sie sich im Gegenteil über die außerordentliche Torheit aller anderen Nationen, wo man beim Ankauf eines armseligen Pferdes, bei dem es sich doch nur um ein paar Goldstücke handelt, so vorsichtig

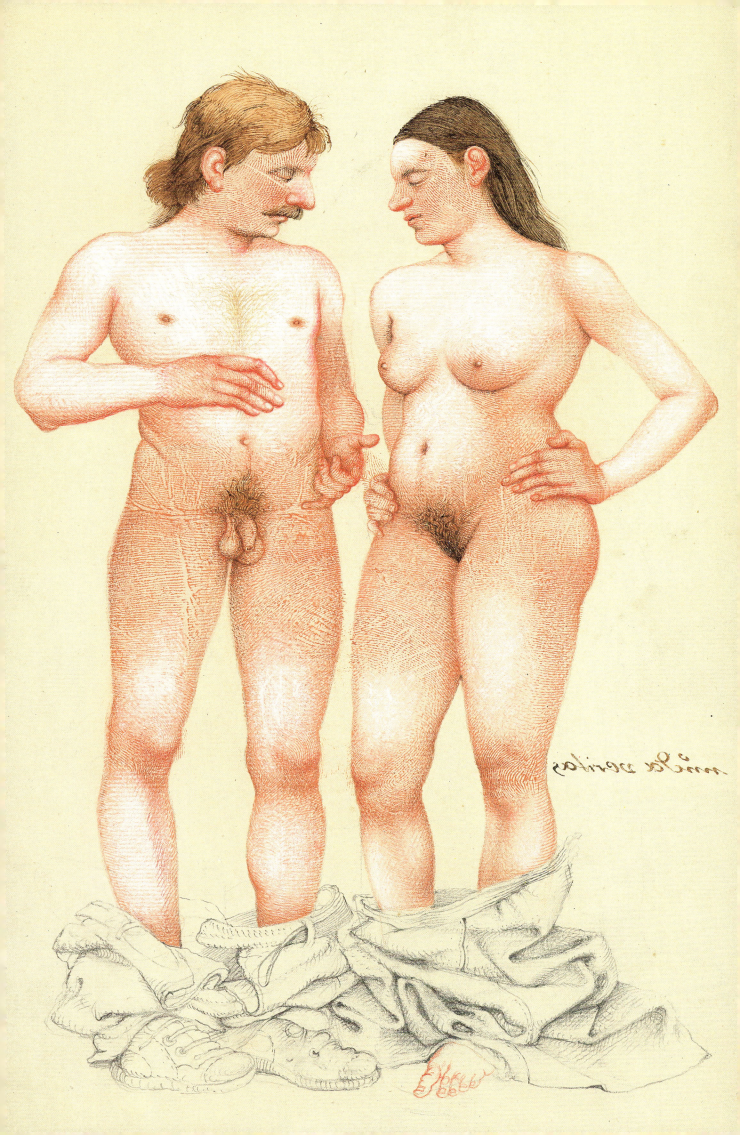

*Eine würdige und ehrbare Matrone führt nämlich das zur Heirat begehrte Weib,
sei es nun eine Witwe oder ein Mädchen, dem Freier nackend vor,
und entsprechend stellt ein ehrenwerter Mann dem Mädchen den Freier nackend vor.*

ist, daß man den Ankauf verweigert, ehe nicht der Sattel abgenommen ist und alle Pferdedecken entfernt sind (obschon das Tier doch von Natur fast nackt ist), damit ja nicht unter diesen Verhüllungen irgendein Schaden versteckt bleiben kann; dagegen bei der Auswahl der Ehefrau, in einer Angelegenheit also, aus der Lust oder Ekel für das ganze Leben folgt, verfährt man so nachlässig, daß man das ganze Weib nach kaum einer Spanne seines Leibes beurteilt; denn nichts als das Gesicht betrachtet man, während der ganze übrige Körper von der Kleidung verhüllt ist; und danach verbindet man sich mit ihr und läuft große Gefahr, daß die Ehe schlecht zusammenhält, wenn sich hinterher ein körperlicher Mangel herausstellt. Denn nicht alle Männer sind so verständig, daß sie bloß auf den Charakter sehen, und auch in den Ehen verständiger Männer bilden körperliche Reize eine nicht unwesentliche Zugabe zu den geistigen Vorzügen. Jedenfalls aber kann unter jenen Kleiderhüllen eine so abschreckende Häßlichkeit verborgen sein, daß sie das Gemüt des Mannes seiner Frau ganz zu entfremden vermag, da einmal körperliche Trennung nicht mehr möglich ist. Wenn eine solche körperliche Entstellung erst nach der Trauung durch irgendeinen Unglücksfall eintritt, so muß freilich jeder sein Schicksal tragen; dagegen sollte man auf gesetzlichem Wege wenigstens vor der Trauung zu verhüten suchen, daß niemand in die Falle gerät. Die Utopier aber mußten um so eifriger solche Vorsorge treffen, weil sie das einzige unter den Völkern jener Himmelsstriche sind, bei dem man sich mit einer Gattin begnügt, und weil die Ehe dort selten anders als durch den Tod gelöst wird, es sei denn, daß Ehebruch oder unverträgliche Charakterfehler den Scheidungsgrund bilden. Wird nämlich einer von beiden Teilen durch solche Vergehen des anderen gekränkt, so erhält er vom Senat die Erlaubnis, sich einen anderen Ehegatten zu suchen; der andere Teil muß ehrlos und dazu noch in dauernder Ehelosigkeit leben. Dagegen dulden sie es unter keinen Umständen, daß einer seine Gattin, ohne daß sie sich vergangen hat, bloß deshalb verläßt, weil sie einen körperlichen Unfall erlitten hat. Denn sie halten es für grausam, jemanden gerade dann im Stiche zu lassen, wenn er am meisten des Trostes bedarf, oder auch gegenüber dem alternden Gatten in der ehelichen Treue schwankend und unsicher zu werden, weil das Alter Krankheiten bringt und selbst eine Art Krankheit ist. Indessen kommt es zuweilen vor, daß die Charaktere der Eheleute nicht genügend zusammenstimmen und beide einen anderen Genossen finden, mit dem sie glücklicher zu leben hoffen. Dann dürfen sie sich, mit beiderseitigem Einverständnis, trennen und neue Ehen schließen, doch nicht ohne Genehmigung des Senates, der Ehescheidungen nicht zuläßt, ehe nicht die Senatoren selbst und ihre Ehefrauen den Fall gründlich geprüft haben, ja auch dann nicht leicht, weil sie wissen, daß es der Festigung ehelicher Liebe sehr wenig zuträglich ist, wenn man leicht Aussicht hat, eine neue Ehe zu schließen.

Ehebrecher werden mit härtester Sklaverei bestraft. Wenn beide Teile verheiratet waren, können die beiden gekränkten Gatten ihre schuldigen Ehehälften verstoßen und, falls sie wollen, sich selber miteinander verbinden oder mit wem sie sonst Neigung haben. Wenn dagegen einer von den durch Ehebruch Gekränkten gegen seinen bisherigen Gatten, der es so wenig verdient, noch weiter Liebe hegt, so wird der gesetzliche Fortbestand der Ehe nicht aufgehoben, falls der treue Gatte bereit ist, dem zur Zwangsarbeit Verurteilten zu folgen. So kommt es zuweilen vor, daß die Reue des einen und der Pflichteifer des anderen Teiles das Mitleid des Fürsten erregt und dem Schuldigen wieder die Freiheit erwirkt. Jedoch auf Rückfall in das Verbrechen steht der Tod.

Für die anderen Verbrechen hat das Gesetz keine bestimmte Strafe festgesetzt, sondern je nachdem, ob das Vergehen schwerer erscheint oder nicht, bestimmt der Senat in jedem einzelnen Falle die Strafe. Die Ehemänner züchtigen ihre Frauen, die Eltern ihre Kinder, sofern sie nicht etwas so Arges begangen haben, daß es im Interesse der Moral liegt, öffentliche Bestrafung herbeizuführen. Gewöhnlich werden die schwersten Verbrechen mit Verstoßung in die

Sklaverei bestraft, weil die Utopier der Meinung sind, das sei für die Verbrecher nicht weniger hart und für den Staat gleichzeitig vorteilhafter, als wenn man sich beeilte, die Schuldigen abzuschlachten und Hals über Kopf zu beseitigen. Denn einmal nützen sie mehr durch ihre Arbeit als durch ihren Tod, und dann schrecken sie auf länger hinaus durch ihr warnendes Beispiel andere von ähnlichen Verbrechen ab. Falls sie aber in dieser Lage sich widerspenstig und störrisch zeigen, werden sie schließlich wie wilde Bestien, die weder Kerker noch Kette im Zaun halten kann, totgeschlagen. Den Fügsamen dagegen wird nicht alle Hoffnung gänzlich genommen; denn wenn sie, durch lange Leiden mürbe geworden, eine Reue zur Schau tragen, die erkennen läßt, daß ihnen mehr ihr Vergehen als ihre Strafe leid ist, wird ihr Sklavendienst manchmal durch fürstliche Begnadigung, manchmal auch durch Volksbeschluß gemildert oder aufgehoben. Die Verführung zur Unzucht gilt als nicht weniger strafbar als die unzüchtige Handlung selbst; bei jedem Vergehen stellen sie nämlich den bewußten und vorsätzlichen Versuch der Ausführung gleich; denn was daran zur Tat gefehlt hat, meinen sie, darf dem Schuldigen nicht zugute kommen, an dem es ja nicht gelegen hat, wenn es nicht dazu kam.

Possenreißer machen ihnen viel Vergnügen.[43] Sie zu kränken gilt als sehr ungehörig, doch finden sie nichts dabei, sich mit ihrer Torheit einen Spaß zu machen, denn sie meinen, das komme den Narren selbst am meisten zugute. Wer aber so ernst und finster ist, daß er über keinen Streich und keinen Witz eines solchen Narren lachen kann, dessen Schutz vertrauen sie keinen an, weil sie fürchten, er werde den Narren nicht mit der nötigen Nachsicht behandeln, weil er ihm keinen Nutzen, ja nicht einmal Erheiterung bringen würde, was doch die einzige Begabung dieser Menschen ist.

Einen Mißgestalteten oder Krüppel zu verlachen gilt als häßlich und als schimpflich, nicht für den Verspotteten, sondern für den Spötter, der so albern ist, einem armen Menschen als Fehler vorzuwerfen, was dieser doch gar nicht zu vermeiden imstande war.

Wenn sie es auch für Trägheit und Nachlässigkeit halten, natürliche Körperschönheit nicht zu pflegen, so gilt es ihnen doch als unanständig und unverschämt, seine Zuflucht zur Schminke zu nehmen. Sie wissen nämlich aus Erfahrung, daß keinerlei Aufputz der äußeren Erscheinung die Frau dem Mann so sehr empfiehlt wie ein züchtiges und ehrerbietiges Wesen. Gewiß lassen sich manche Männer durch bloße Schönheit gewinnen, aber ohne Tugend und Gehorsam ist keiner auf die Dauer festzuhalten.

Sie suchen nicht bloß durch Strafen von Missetaten abzuschrecken, sondern auch durch die Aussicht auf Ehrungen zur Tugend anzulocken. Deshalb stellen sie für berühmte und um den Staat hervorragend verdiente Männer Standbilder auf öffentlichen Plätzen auf, zum Gedächtnis ruhmreicher Taten, zugleich damit ihren Nachkommen der Ruhm der Vorfahren Stachel und Ansporn zur Tugend werde.

Wer sich um ein Amt bewirbt, verliert die Anwartschaft auf alle. Der Verkehr mit den Behörden vollzieht sich in freundschaftlichen Formen, da keiner der obrigkeitlichen Beamten überheblich oder barsch ist: sie heißen Väter und bewähren sich als solche. Man erweist ihnen deshalb freiwillig die gebührende Ehre und läßt sie sich nicht widerwillig abfordern. Nicht einmal den Fürsten unterscheidet eine besondere Tracht oder ein Diadem vom Volke, sondern bloß eine Getreidegarbe, die vor ihm hergetragen wird, ähnlich wie die Auszeichnung des Oberpriesters in einer ihm vorausgetragenen Wachskerze besteht.

Gesetze haben sie überaus wenige; denn dank ihrer Verfassung kommen sie mit ganz wenigen aus. Das tadeln sie denn auch in erster Linie bei anderen Völkern, daß dort unzählige Bände von Gesetzen und Kommentaren noch nicht genügen. Sie selber halten es dagegen für höchst unbillig, irgend jemanden auf Gesetze zu verpflichten, die entweder zu zahlreich sind, als daß es möglich wäre, sie zu lesen, oder zu dunkel, als daß sie jedermann verstehen könnte. Auch schließen sie grundsätzlich sämtliche Advokaten aus, die ja ihre Prozesse so schlau zu betreiben und über die Gesetzesbestimmungen so spitzfindig zu disputieren wissen. Sie halten es nämlich für besser, daß jeder seinen Prozeß selber führt und das, was er seinem Anwalt erzählen würde, statt dessen seinem Richter mitteilt; so gäbe es weniger Umschweife, und die Wahrheit würde leichter ans Licht gebracht; denn wenn ein Mann redet, den kein Anwalt vorher Verstellung gelehrt hat, so erwägt der Richter die einzelnen Argumente sorgfältig und kommt weniger gewandten Parteien gegen die Verleumdungen verschlagener Gegner zu Hilfe. Bei anderen Völkern ist das infolge der Unmasse höchst verwickelter Gesetze schwer durchzuführen.[44] Bei ihnen dagegen ist jeder einzelne rechtskundig. Denn einmal sind, wie gesagt, die Gesetze dort sehr wenig zahlreich, und überdies halten sie die gröbste Auslegung immer für die richtigste. Wenn nämlich die Gesetze, wie sie sagen, nur zu dem Zweck bekannt gemacht werden, damit jedermann durch sie an seine Pflicht gemahnt werde, so enthält eine feinere Auslegung diese Mahnung nur für ganz wenige, da nur wenige imstande sind, ihr zu folgen, während eine schlichtere und näherliegende Deutung der Gesetze jedermann zugänglich ist. Was die große Masse angeht, die doch am zahlreichsten ist und am meisten der Ermahnung bedarf: was sollte es der überhaupt für einen Unterschied machen, ob man gar keine Gesetze gibt oder ob man die bestehenden in einem so künstlichen Sinne auslegt, daß nicht anders als mit großem Scharfsinn und langem Disputieren ihre Bedeutung zu ergründen ist? Zu solchen Forschungen reicht weder der grobe Verstand des gemeinen Mannes aus, noch läßt ihm sein Leben im Kampf ums tägliche Brot dazu die Zeit.

Alle diese Vorzüge der Utopier haben ihre Nachbarn veranlaßt, obwohl sie frei und souverän sind (viele von ihnen haben die Utopier schon vor langer Zeit von der Sklaverei befreit), sich ihre Behörden von ihnen zu erbitten, teils alljährlich, teils alle fünf Jahre; haben diese ihr Regiment zu Ende geführt, so werden sie mit Ehren und Lob in die Heimat zurückgeleitet, und an ihrer Stelle nehmen die Fremden andere in ihr Land mit. Und in der Tat sorgen diese Völker so in überaus glücklicher Weise für das Beste ihres Staates; denn da Heil und Verderben des Staates von dem Betragen der Obrigkeiten abhängt, welch besseren Griff könnten sie zu deren Besetzung tun? Lassen sich doch die Fremdlinge durch keinerlei Geldbestechung von Ehre und Anstand abbringen, da sie ja doch bald wieder nach Hause ziehen, wo ihnen das Geld nichts nützt! Und da sie die fremden Bürger nicht kennen, lassen sie sich auch nicht durch ungehörige Vorliebe oder Abneigung gegenüber einzelnen bestimmen. Wo sich aber diese beiden Übel, Privatgunst und Habsucht, in der Rechtsprechung einnisten, da zerstören sie sogleich alle Gerechtigkeit, diese stärkste Triebfeder des Staatsmechanismus. Die Utopier nennen diese Völker, die sich ihre Regenten von ihnen erbitten, Bundesgenossen; die anderen, denen sie Wohltaten erwiesen haben, bezeichnen sie als Freunde.

Bündnisse, wie sie die anderen Völker so oft untereinander anknüpfen, brechen und erneuern, schließen sie mit keinem Volke. Wozu denn ein Bündnis? sagen sie; als ob nicht die Natur die Menschen untereinander genügend zusammenbände! Wer aber dieses natürliche Band verachtet, glaubst du etwa, der werde sich um Worte kümmern? Zu dieser Ansicht sind sie wohl vor allem dadurch verleitet, daß in jenen Weltteilen Bündnisse und Verträge der Fürsten gewöhnlich mit gar zu wenig Aufrichtigkeit gehalten werden.

In Europa freilich, zumal in den Ländern, wo Christi Glaube und Religion herrschen, ist die Majestät der Bündnisse überall heilig und unverletzlich, teils dank der gerechten und redlichen Denkweise der Fürsten, teils aus Ehrerbietung und Scheu vor dem päpstlichen Stuhle, dessen Regenten selber keine Verpflichtung auf sich nehmen, die sie nicht auf das Gewissenhafteste halten, aber auch allen anderen Fürsten gebieten, ihren Versprechungen auf alle Weise nachzukommen, widerstrebende aber durch oberhirtliche Strafe und Strenge dazu zwingen. Und sicherlich urteilen sie mit Recht, daß es höchst schimpflich erscheinen müßte, wenn den Bündnissen solcher Fürsten, Treu und Glauben fehlen würde, die in besonderem Sinne ›Gläubige‹ heißen.[45]

Dagegen in jenem neuen Weltteil, den der Äquator kaum so weit von unserem Erdteil trennt wie die Abweichung der Lebensart und der Sitten, ist auf Verträge keinerlei Verlaß. Je zahlreicher und feierlicher die Formalitäten sind, in die ein solcher Vertrag hineingewebt ist, um so schneller wird er gebrochen, indem sich leicht eine Gelegenheit findet, den Wortlaut zu verdrehen, den sie zuweilen mit Absicht so verzwickt aufsetzen, daß sie niemals mit Hilfe bestimmter Bindungen zu fassen sind, vielmehr stets durch irgendeine Hintertür entwischen und mit Bündnis- und Vertragstreue in gleicher Weise ihren Spott treiben können. Würden sie solche Verschlagenheit, ja solchen Lug und Trug in irgendeinem Privatvertrag entdecken, so würden sie mit vielem Stirnrunzeln darüber zetern, das sei ein Rechtsbruch, der den Galgen verdiene – dieselben Leute, die stolz darauf sind, wenn sie ihren Fürsten dieses Verfahren angeraten haben. So kommt es, daß entweder die Gerechtigkeit überhaupt nur noch als eine gemeine Tugend des niederen Volkes erscheint, die in weitem Abstand tief unter der Würde des Königs steht, oder daß es zum mindesten zwei Arten von Gerechtigkeit gibt: die eine kommt dem gemeinen Volke zu, geht bescheiden zu Fuß, kriecht am Boden und kann nirgends einen Zaun überspringen, da sie von allen Seiten her mit vielen Fesseln geknebelt ist. Die andere ist die Tugend der Fürsten, weit erhabener als die des Volkes, aber in ebenso weitem Abstand auch freier, so daß ihr alles erlaubt ist, was sie sich erlaubt.

Diese Unzuverlässigkeit der dortigen Fürsten, die, wie gesagt, ihre Verträge so wenig halten, scheint mir der Grund, weshalb die Utopier überhaupt keine schließen; vielleicht würden sie ihre Ansicht ändern, wenn sie hierzulande lebten! Freilich halten sie es überhaupt für unheilvoll, daß sich die Gewohnheit eingewurzelt hat, Bündnisse zu schließen, selbst wenn sie noch so treu gehalten werden. Ist es ihr doch zu verdanken, daß die Völker glauben, sie wären zu gegenseitiger Feindschaft und zum Haß geschaffen, und bis zur Vernichtung gegeneinander wüten, falls nicht Bündnisse sie daran hindern – gerade als ob keinerlei natürliche Gemeinschaft zwei Völker miteinander verbände, die nur der winzige Zwischenraum eines Hügels oder Berges voneinander trennt! Doch selbst aus Vertragsschlüssen erwächst noch keine Freundschaft; vielmehr bleibt immer noch Gelegenheit, sich gegenseitig zu schädigen, falls nämlich infolge eines Versehens bei der Niederschrift des Vertrages nicht mit genügender Vorsicht eine Klausel aufgenommen ist, die dies verhindert. Die Utopier aber sind der gegenteiligen Meinung, nämlich daß man niemanden als Feind betrachten dürfe, von dem einem nichts Unrechtes widerfahren ist. Die Gemeinschaft der Menschennatur sei ein Ersatz für Bündnisse, und die Menschen würden wirksamer und fester durch gegenseitiges Wohlwollen als durch Verträge, besser durch die Gesinnung als durch Worte miteinander verbunden.

Vom Kriegswesen Den Krieg verabscheuen die Utopier aufs höchste als etwas ganz Bestialisches, womit sich jedoch keine Art wilder Bestien so beständig beschäftigt wie der Mensch. Entgegen der Sitte beinahe aller Völker halten sie nichts für so unrühmlich, als im Kriege Ruhm zu suchen. Zwar betreiben sie ständig ihre militärische Ausbildung, und zwar nicht nur der Männer, sondern auch der Frauen, an hierfür festgesetzten Tagen, um nicht im Bedarfsfall untüchtig zu sein zum Kriege. Jedoch fangen sie nicht leichten Herzens einen Krieg an, es sei denn, um entweder ihre Grenzen zu schützen oder um die Gegner, die in das Gebiet ihrer Freunde eingedrungen sind, zu vertreiben, oder aus Mitleid mit irgendeinem von Tyrannei bedrückten Volk, das sie mit ihrer Macht vom Joche der Tyrannen und der Sklaverei befreien wollen; das tun sie allein aus Menschenliebe. Ihren Freunden freilich gewähren sie ihre Hilfe nicht immer nur zur Verteidigung, sondern zuweilen auch, um frü-

Possenreißer machen ihnen viel Vergnügen.

heres Unrecht zu vergelten und zu rächen. Indessen tun sie das nur dann, wenn sie vor Eröffnung der Feindseligkeiten um Rat gefragt sind und den Kriegsgrund gebilligt haben, wenn ferner die zurückgeforderten Streitobjekte noch nicht zurückgegeben sind und sie selber die Kriegserklärung veranlaßt haben. Einen solchen Beschluß fassen sie nicht nur dann, wenn (ihren Freunden) bei einem feindlichen Einfall Beute weggeführt ist, sondern auch dann, und zwar mit viel größerem Kriegseifer, wenn deren[46] Kaufleute bei irgendeinem Volke unter dem Scheine des Rechtes schikaniert werden, sei es, indem man unbillige Gesetze zum Vorwand nimmt oder indem an sich gute Gesetzesbestimmungen verkehrt ausgelegt werden. So war auch für den Krieg, den die Utopier kurz vor unserer Zeit für die Nephelogeten gegen die Alaopoliten geführt haben, nichts anderes die Ursache, als daß den Kaufleuten der Nephelogeten von den Alaopoliten unter dem Schein des Rechtes, nach Ansicht der Utopier, Unrecht geschehen war. Ob nun Recht oder Unrecht vorlag, jedenfalls war der Rachekrieg, der außer dem Kräfteaufgebot und dem Haß der beiden Parteien auch noch die Leidenschaften und Hilfsmittel der umliegenden Völker in seinen Strudel zog, so blutig, daß einige der blühendsten Nationen bis ins Mark erschüttert, andere schwer mitgenommen wurden und ein Übel immer aus dem anderen entstand. Das Ende war schließlich die Knechtung und Unterwerfung der Alaopoliten, durch die sie unter die Herrschaft der Nephelogeten gerieten – denn die Utopier führten den Krieg nicht im eigenen Interesse –, während dieses Volk in der Blütezeit der Alaopoliten mit diesem nicht zu vergleichen gewesen war.

So energisch verfolgen die Utopier ein ihren Freunden angetanes Unrecht, sogar in bloßen Geldangelegenheiten; selbsterlittene Kränkung rächen sie nicht auf die gleiche Weise. Vielmehr wenn sie einmal überlistet werden und Geld und Gut dabei verlieren, aber nicht gerade Schaden an Leib und Leben erleiden, reißt sie ihre Empörung nur so weit fort, daß sie den Handelsverkehr mit dem betreffenden Volke abbrechen, so lange, bis ihnen Genugtuung geleistet wird. Nicht als ob ihnen die Sorge für die eigenen Bürger weniger am Herzen läge als für die Bundesgenossen. Aber deren Geldverluste sind ihnen deshalb empfindlicher als ihre eigenen, weil die Handeltreibenden ihrer Freunde von ihrem Privatbesitz Geld verlieren und daher von solchen Verlusten hart getroffen werden, dagegen ihre eigenen Bürger nur auf staatliche Rechnung Verluste haben, überdies nur an solchen Gütern, die daheim reichlich vorhanden, ja gewissermaßen überflüssig sind (denn sonst könnte man sie nicht ins Ausland ausführen), so daß dem einzelnen der Verlust gar nicht so sehr zum Bewußtsein kommt. Deshalb halten sie es auch für viel zu grausam, einen solchen Schaden durch den Tod vieler Menschen zu rächen – einen Schaden, dessen üble Wirkung ja keiner von ihnen weder am Leben noch am täglichen Lebensbedarf zu spüren bekommt. Jedoch wenn einer ihrer Staatsangehörigen irgendwo im Ausland durch Gewalttat Schaden erleidet oder gar ums Leben kommt, einerlei ob auf öffentliche oder private Veranlassung, so lassen sie den Tatbestand durch Gesandte feststellen und geben sich nicht zufrieden ohne Auslieferung der Schuldigen, erklären vielmehr auf der Stelle den Krieg. Die ausgelieferten Schuldigen bestrafen sie mit dem Tode oder der Sklaverei.

Ein blutiger Sieg ist ihnen nicht nur verdrießlich, sondern beschämt sie sogar, indem sie erwägen, daß es eine Torheit sei, selbst die kostbarste Ware zu teuer zu kaufen. Haben sie aber die Feinde durch Ränke und List besiegt und sich unterworfen, so frohlocken sie laut darüber, veranstalten deswegen auf Staatskosten einen Triumphzug und errichten ein Siegesdenkmal, wie für eine Heldentat. Sie rühmen sich nämlich immer erst dann, sich mannhaft und tapfer gehalten zu haben, wenn sie so gesiegt haben, wie es kein beseeltes Geschöpf außer dem Menschen vermocht hätte: das heißt mit Kräften des Geistes. Denn mit körperlichen Kräften, sagen sie, kämpfen Bären, Löwen, Eber, Wölfe, Hunde und die anderen wilden Tiere, die uns größtenteils an Stärke und Wildheit dieser Kräfte überlegen sind, dafür aber alle zusammen von uns an Geist und Vernunft übertroffen werden.

Nur einen Zweck verfolgen sie im Kriege: das Ziel zu erreichen, das ihnen schon früher hätte zufallen müssen, um den Krieg überflüssig zu machen; oder wenn das der Natur der Sache nach nicht möglich ist, nehmen sie so strenge Rache an denen, die sie für das Vergehen verantwortlich machen, daß der Schrecken sie einschüchtern muß, künftig dasselbe nicht noch einmal zu wagen. Diese Ziele stecken sie sich bei ihrem Vorhaben und suchen sie rasch zu erreichen, doch so, daß sie mehr Sorge tragen, die Gefahren zu vermeiden, als Lob und Ruhm zu ernten. Deshalb sorgen sie dafür, daß sofort nach der Kriegserklärung heimlich und zu gleicher Zeit an den am meisten in die Augen fallenden Punkten des feindlichen Landes zahlreiche, mit ihrem Staatssiegel gestempelte Proklamationen angeschlagen werden; darin versprechen sie gewaltige Belohnungen dem, der den gegnerischen Fürsten aus dem Wege räumt; sodann setzen sie geringere, aber immer noch recht stattliche Preise auf die Köpfe einzelner Männer, deren Namen sie in denselben Anschlägen bekanntgeben. Das sind die Männer, die sie nächst dem Landesfürsten selbst für die Urheber des gegen sie geschmiedeten Planes halten. Was sie aber auch für den Mörder ausgesetzt haben, sie verdoppeln es für denjenigen, der einen von den Geächteten lebend zu ihnen bringt; und ebenso hetzen sie auch die Geächteten selber gegen ihre Genossen auf, mit denselben Prämien und dazu noch mit der Zusicherung der Straflosigkeit.

So kommt es schnell dahin, daß die Geächteten alle anderen Menschen im Verdacht haben, sich selber gegenseitig nicht mehr recht trauen und kein Vertrauen mehr genießen und daher in höchster Furcht und nicht geringerer Gefahr schweben. Denn es ist schon oft vorgekommen und recht wohl bekannt, daß ein großer Teil dieser Geächteten und vor allem der Landesfürst selber gerade von denen verraten wurde, auf die sie die größte Hoffnung gesetzt hatten. So leicht treiben Belohnungen zu jedem beliebigen Verbrechen an! Für diese Geschenke setzen die Utopier denn auch kein bestimmtes Maß fest. Vielmehr bemühen sie sich, in der Erwägung, wie groß die Gefahr ist, in die sie die Verräter hineinlocken, die Größe des Risikos durch das Gewicht der Belohnungen auszugleichen, und versprechen deshalb nicht nur eine unermeßliche Menge Gold, sondern auch sehr ertragreiche Landgüter an ganz sicheren Orten in befreundeten Ländern zu ewigem Besitz, und halten das alles mit größter Treue.

Dieser Brauch, den Feind öffentlich auszubieten und zu verkaufen, wird von anderen Völkern als Zeichen einer entarteten Gesinnung und grausame Untat verworfen; sie selber aber betrachten ihn als höchst löblich und klug, weil sie durch dieses Verfahren die größten Kriege ohne irgendeine Schlacht schleunig zu Ende bringen. Ja, sie kommen sich sogar human und mitfühlend vor, weil sie mit dem Tode weniger Schuldiger das Leben zahlreicher Unschuldiger erkaufen, die sonst im Kampfe umgekommen wären, teils aus dem eigenen Volke, teils von den Feinden, deren großen Haufen und gemeines Volk sie kaum weniger bedauern als ihre eigenen Volksgenossen; denn sie wissen wohl, daß sie nicht freiwillig den Krieg angefangen haben, sondern durch die Verblendung ihrer Fürsten dazu getrieben sind.

Kommen sie auf diesem Wege nicht vorwärts, so säen sie den Samen der Zwietracht aus und nähren diese, indem sie den Bruder des Landesfürsten oder irgendeinen der hohen Adligen zu der Hoffnung verleiten, er könne sich des Thrones bemächtigen.[47] Falls die inneren Parteiungen versagen, stacheln sie die den Feinden benachbarten Völker auf und hetzen sie in den Kampf, indem sie irgendeinen alten Rechtsanspruch ausgraben, um die ja Könige niemals verlegen sind. Haben sie diesen Beistand im Kriege versprochen, so führen sie ihnen fortlaufend Hilfsgelder zu, jedoch Hilfskräfte aus ihren Bürgern nur aufs sparsamste; denn diese sind ihnen so unvergleichlich teuer, und sie schätzen sich gegenseitig so hoch, daß sie keinen Volksgenossen gern mit dem feindlichen Fürsten vertauschen würden. Dagegen Gold und Silber, das sie ja nur für diesen einzigen Zweck überhaupt aufbewahren, geben sie sorglos aus, da sie ja nicht weniger bequem zu leben hätten, wenn sie auch den ganzen Vorrat aufwendeten. Besitzen sie doch außer ihren Reichtümern im Inland auch noch den unermeßlichen Schatz ausländischer Guthaben, vermöge deren die meisten Nationen, wie ich früher schon erzählte, ihnen verschuldet sind. So mieten sie denn überall in der Welt Söldner und schicken sie in den Krieg, besonders aus dem Volk der Zapoleten. Dieses Volk wohnt fünfhundert Meilen östlich von Utopia, ist ungesittet, derb und wild und zieht seine rauhen Berge und Wälder, in denen es aufwächst, allen Ländern der Erde vor.[48] Es ist ein zäher, kräftiger Menschenschlag, unempfindlich gegen Hitze, Kälte und Strapazen, unbekannt mit allen Lebensgenüssen, ohne besonderen Eifer für den Ackerbau; auch auf schöne Wohnung und Kleidung legen sie wenig Wert, nur für die Viehzucht haben sie Interesse. Großenteils leben sie von Jagd und Raub. Nur zum Kriege geboren, suchen sie eifrig nach Gelegenheit dazu; bietet sich eine, so stürzen sie sich mit Gier darauf, rücken in hellen Scharen aus dem Lande und bieten sich um geringen Sold jedem Beliebigen an, der Soldaten sucht. Nur dieses eine Gewerbe verstehen sie: das Leben zu fristen, indem sie den Tod suchen. Wem sie um Sold dienen, für den fechten sie mit Eifer und unerschütterlicher Treue. Jedoch verpflichten sie sich nicht bis zu einem bestimmten Termin, sondern ergreifen nur unter der Bedingung Partei, daß sie bereits am nächsten Tage zu den Feinden übergehen können, wenn ihnen diese höheren Sold bieten, und schon am übernächsten kehren sie zurück, verlockt durch ein wenig mehr Geld. Selten gibt es Krieg, ohne daß eine große Menge von ihnen auf beiden Seiten im Heere dient. Und somit kommt es alle Tage vor, daß Blutsverwandte, die heute noch als Söldner derselben Partei die besten Kameraden waren, morgen schon, auseinandergerissen zu den Truppen feindlicher Parteien, als Gegner aufeinanderstoßen und Feindschaft im Herzen, ihre Herkunft vergessend, uneingedenk ihrer Freundschaft, sich gegenseitig niedermetzeln, durch keinen anderen Grund zur gegenseitigen Vernichtung angetrieben, als weil sie von verschiedenen Fürsten für eine Handvoll elenden Geldes gemietet sind. Damit halten sie so genau Rechnung, daß ein einziger Heller, zum täglichen Solde zugelegt, sie mit Leichtigkeit dazu bringt, die Partei zu wechseln. So haben sie rasch an der Habsucht Geschmack gefunden, die ihnen doch gar keinen Nutzen bringt. Denn was sie mit ihrem Blute erwerben, verprassen sie sofort wieder mit einer Verschwendung, die gleichwohl armselig genug ist.

Dieses Volk schlägt sich für die Utopier gegen alle Welt, weil seine Dienste von diesen so hoch bezahlt werden wie sonst nirgends. Denn ebenso wie die Utopier die Dienste guter Menschen suchen, um sie nützlich zu gebrauchen, so holen sie auch diese verworfenen Menschen herbei, um sie zu mißbrauchen. Wenn nötig, reizen sie diese Söldner durch die größten Versprechungen und setzen sie an der Stelle der größten Gefahr ein, weshalb denn auch meistens ein großer Teil davon gar nicht zur Einforderung der versprochenen Belohnungen zurückkehrt. Den Überlebenden zahlen sie aber gewissenhaft aus, was sie versprochen haben, um sie dadurch zu neuen ähnlichen Wagnissen zu entflammen. Denn sie nehmen keinerlei Rücksicht darauf, wie viele sie von ihnen ums Leben bringen, sind vielmehr überzeugt, sie würden sich das größte Verdienst um das Menschengeschlecht erwerben, wenn sie den Erdball von diesem Abschaum der Menschheit, diesem abscheulichen und ruchlosen Volke ganz und gar reinigen könnten.

Nächst ihnen verwenden sie auch die Truppen der Nation, für die sie die Waffen ergreifen, weiterhin die Hilfstruppen ihrer anderen Freunde. An letzter Stelle ziehen sie ihre eigenen Bürger heran, aus deren Reihen sie einen Mann von erprobter Tapferkeit an die Spitze des ganzen Heeres stellen. Ihm unterstellen sie zwei andere in der Art, daß sie beide nur als Privatpersonen gelten, solange der Oberbefehlshaber wohlauf ist; wird er aber gefangen oder fällt er, so tritt einer der beiden als Erbe an seine Stelle,[49] und nötigenfalls folgt diesem der dritte, damit nicht in den Wechselfällen des Krieges die Gefährdung des Führers das ganze Heer in Verwirrung bringt. In jeder Stadt wird eine Aushebung abgehalten von solchen Bürgern, die sich freiwillig melden; denn niemand wird gegen seinen Willen zum Kriegsdienst außerhalb der Landesgrenzen gezwungen, weil sie überzeugt sind, daß ein von Natur Furchtsamer nicht allein selber nichts Tüchtiges leisten, sondern obendrein seine Kameraden mit seiner Angst anstecken wird. Indessen wenn ein Krieg ins Land hereinbricht, so stecken sie die Feiglinge dieser Art, soweit sie körperlich tüchtig sind, auf die Schiffe unter bessere Soldaten oder verteilen sie vereinzelt auf die Festungsmauern, wo es keine Gelegenheit zum Ausreißen gibt. So wird ihre Furcht durch die Scham vor den Kameraden, durch die Nähe des Feindes und die Gewißheit, nicht fliehen zu können, erstickt, und oft genug wird aus der äußersten Not eine Tugend.

Jedoch sowenig einer von ihnen gegen seinen Willen in einen auswärtigen Krieg fortgeschleppt wird, sowenig hindert man andererseits die Frauen, die ihre Ehemänner ins Feld begleiten wollen, ja man eifert sie sogar durch Mahnungen und Lob dazu an. Die Frauen, die mitgezogen sind, stellen sie in der Front in eine Reihe mit ihren Männern; außerdem umgeben jeden Krieger seine Kinder, Verwandten und Angehörigen, damit *die* am nächsten beisammen sind zu gegenseitiger Hilfe, die von Natur den stärksten Antrieb haben, einander beizustehen. Es gilt als höchste Schmach, wenn der eine Gatte ohne den anderen zurückkehrt oder der Sohn, der seinen Vater verloren hat. Die Folge ist, daß die Schlacht, wenn es zum Handgemenge kommt und die Feinde standhalten, in langem und verlustreichem Ringen bis zur Vernichtung durchgefochten wird.[50] Denn sie versuchen zwar alle Mittel, um zu verhindern, daß sie selbst fechten müssen, solange sie den Krieg durch Stellvertreter, nämlich durch Soldtruppen, abmachen können; aber wenn es nicht zu vermeiden ist, daß sie selber in den Kampf eingreifen, gehen sie ebenso unerschrocken ins Zeug, wie sie vorher klüglich sich zurückgehalten hatten. Dabei zeigen sie kein besonderes Ungestüm im ersten Vorgehen, sondern entwickeln ihre Stärke erst langsam, stufenweise und auf die Dauer, wobei sie eine so zähe Standhaftigkeit beweisen, daß sie sich eher niedermetzeln lassen als zur Flucht kehren. Denn jene innere Sicherheit, daß jeder zu Hause sein gutes Auskommen hat und sich um seine Nachkommen keine quälende Sorge zu machen braucht (eine Besorgnis, die sonst überall die Schwungkraft beherzter Krieger lähmt), erhebt ihren Mut und läßt sie den Gedanken verabscheuen, sich besiegen zu lassen. Überdies macht ihre militärische Erfahrung sie zuversichtlich; und endlich befeuern jene gesunden Anschauungen ihre Tapferkeit, die sie im Unterricht und infolge der trefflichen Verfassung ihres Staates von Kindheit an in sich aufgenommen haben. Sie haben daraus gelernt, das Leben weder so gering zu schätzen, daß sie es leichtsinnig vergeudeten, noch es so unbillig zu überschätzen, daß sie damit geizten und sich schimpflich daran klammerten, wenn die Ehre gebietet, es aufs Spiel zu setzen.

Wenn auf der ganzen Front die Schlacht am heftigsten tobt, tut sich eine geweihte Schar auserlesener Jünglinge zusammen und verschwört sich, den feindlichen Führer zu ihrem Opfer zu machen: auf ihn gehen sie offen los, ihn greifen sie aus dem Hinterhalt an, auf ihn drängen sie aus der Nähe wie aus der Ferne ein; gegen ihn stürmen sie in der Form eines langen, immer neugebildeten Keiles an, in den rastlos frische Kämpfer an Stelle der ermüdeten einspringen. Nur selten kommt es vor, daß er nicht umgebracht wird oder lebend in die Gewalt seiner Feinde gerät, falls er sich nicht durch die Flucht rettet. Wenn der Sieg auf ihrer Seite ist, schwelgen sie keineswegs im Gemetzel, denn sie nehmen lieber die Geschlagenen gefangen, als daß sie sie umbringen. Niemals verfolgen sie die Fliehenden so blindlings, daß sie nicht immer noch eine geordnete, kampfbereite Reserve zurückhielten; ja, wenn[51] ihre anderen Truppenteile geschlagen sind und sie erst mit der letzten Reserve den

*In der Erfindung von Kriegsmaschinen zeigen sie großen Scharfsinn;
die fertigen Maschinen halten sie sorgfältig geheim, damit sie nicht verraten werden, ehe man
sie braucht, und ihnen dann mehr Gespött als praktischen Nutzen eintragen.
Bei der Konstruktion achten sie vor allem auf leichte Fahrbarkeit und gute Wendigkeit.*

Sieg erkämpft haben, lassen sie lieber den Feind ganz und gar entrinnen, als daß sie sich auf eine Verfolgung mit ungeordneten Truppenverbänden einließen. Sie halten sich nämlich vor Augen, daß ihnen selbst mehr als einmal, wenn die Masse ihres ganzen Heeres besiegt und in die Flucht geschlagen war, die Unvorsichtigkeit ihrer Verfolger zugute gekommen ist. Während der Feind, über den Sieg frohlockend, hier und dort sich auf der Verfolgung zerstreute, hatten sie kleine Stoßtrupps im Hinterhalt aufgestellt, die auf günstige Gelegenheiten lauerten, um den zerstreuten, umherschwärmenden und in voreiliger Selbstsicherheit unvorsichtigen Feind zu überfallen. Plötzlich waren sie dann vorgestürmt und hatten den Ausgang der Schlacht umgekehrt, dem Feinde den schon sicheren und unbezweifelten Sieg aus den Händen gewunden und als Besiegte den Sieger wiederum besiegt.

Es ist nicht leicht zu sagen, ob ihre Schlauheit größer ist in der Vorbereitung von Hinterhalten oder ihre Vorsicht, solchen Fallen zu entgehen. Man sollte meinen, sie schickten sich zur Flucht an, wenn sie nichts weniger als das im Sinne haben; und umgekehrt, wenn sie die Flucht planen, sollte man meinen, sie hätten die gegenteilige Absicht. Wenn sie nämlich merken, daß sie durch zahlenmäßige Schwäche oder ungünstige Stellung im Gelände zu stark im Nachteil sind, ziehen sie nachts geräuschlos ab oder halten den Feind durch irgendein Manöver hin oder ziehen sich bei Tage auch etappenweise zurück, wobei sie eine so strenge Ordnung aufrechterhalten, daß es nicht weniger gefährlich ist, sie auf dem Abzug anzugreifen, als wenn sie anstürmten. Ihre Stellung befestigen sie sehr sorgfältig mit einem überaus tiefen und breiten Graben, wobei die ausgehobene Erde nach der Innenseite geworfen wird. Zu dieser Arbeit verwenden sie aber nicht etwa Tagelöhner, vielmehr wird sie von den Soldaten selbst besorgt, und die ganze Armee ist dabei tätig, mit Ausnahme der Vorposten, die vor der Umwallung in Waffen lagern, als Schutz gegen plötzliche Überfälle. Und so wird denn mit Hilfe so vieler Hände ein großes Lager wider Erwarten schnell stark befestigt.

Ihre Waffen sind kräftig genug zur Abwehr und doch nicht hinderlich beim Gehen und sonstigen Bewegungen, ja man empfindet sie nicht einmal beim Schwimmen als lästig. Denn bewaffnet zu schwimmen lernen sie unter den Anfangsgründen militärischer Erziehung. Im Kampfe aus der Entfernung benutzen sie Pfeile als Geschosse, die sie mit großer Kraft und zugleich sehr treffsicher abschießen, nicht nur zu Fuß, sondern sogar vom Pferde aus.[52] Im Nahkampf dagegen verwenden sie nicht Schwerter, sondern Hellebarden, deren tödliche Wirkung auf ihrer Schärfe oder auf ihrem Gewicht beruht, je nachdem man sie im Hieb oder im Stich verwendet. In der Erfindung von Kriegsmaschinen zeigen sie großen Scharfsinn; die fertigen Maschinen halten sie sorgfältig geheim, damit sie nicht verraten werden, ehe man sie braucht, und ihnen dann mehr Gespött als praktischen Nutzen eintragen. Bei der Konstruktion achten sie vor allem auf leichte Fahrbarkeit und gute Wendigkeit.

Haben sie mit dem Feinde Waffenstillstand geschlossen, so halten sie ihn so unverbrüchlich, daß sie ihn nicht einmal dann verletzen, wenn sie gereizt werden. Das feindliche Land verwüsten sie nicht, brennen auch nicht die Saaten nieder, ja sie sorgen sogar nach Möglichkeit dafür, daß diese nicht durch Menschen und Pferde zerstampft werden, da sie der Ansicht sind, daß sie zu ihrem eigenen Nutzen wachsen. Keinem Wehrlosen tun sie etwas zuleide, falls es sich nicht um einen Spion handelt. Städte, die sich ihnen ergeben, nehmen sie in Schutz. Aber auch eroberte Städte plündern sie nicht, sondern begnügen sich damit, die Rädelsführer, die schuld sind an der Verhinderung der Übergabe, erwürgen zu lassen und die anderen Verteidiger in die Sklaverei zu schicken. Die ganze Zivilbevölkerung lassen sie unangetastet. Erfahren sie, daß einige Bürger zur Kapitulation geraten haben, so schenken sie ihnen einen Teil von dem Vermögen der Verurteilten, mit dem Rest beschenken sie ihre Hilfstruppen. Denn von ihnen selber trägt keiner Verlangen nach einem Beuteanteil.

Ist aber der Krieg beendet, so legen sie die Kriegskosten nicht ihren Freunden auf, für die sie die Auslagen aufgewandt haben, sondern den Besiegten, und fordern auf Grund dieses Anspruchs teilweise Geld (das sie zu ähnlicher Verwendung im Kriege zurücklegen), teils Abtretung von Grundbesitz, der ihnen im Lande der Besiegten dauernd zinspflichtig bleibt und nicht geringen Ertrag abwirft. Einkünfte dieser Art haben sie jetzt bei vielen Nationen, die nach und nach aus verschiedenen Ursachen entstanden und bis auf über siebenhunderttausend Dukaten im Jahre angewachsen sind. Auf diese Besitzungen schicken sie einige ihrer Bürger unter dem Namen Quästoren (Kämmerer), die dort in Glanz und Pracht leben und als große Herren auftreten. Aber es bleibt doch noch viel übrig, das in den Staatsschatz abgeführt wird, soweit sie das Geld nicht lieber dem betreffenden Volke stunden wollen, was sie häufig so lange tun, bis sie es brauchen. Doch es kommt kaum jemals vor, daß sie die ganze Summe einfordern. Von diesen Landgütern weisen sie einen Teil jenen Verrätern an, die auf ihre Veranlassung sich in so große Gefahren begeben, wie ich vorhin darlegte. Wenn irgendein Fürst die Waffen gegen sie erhebt und in ihr Gebiet einzufallen droht, treten sie ihm auf der Stelle mit starken Kräften außerhalb ihres Landes entgegen. Denn sie führen nicht ohne Not Krieg im eigenen Lande, und die Not ist auch niemals so groß, daß sie fremde Hilfsvölker auf ihre Insel hereinlassen müßten.

Von den religiösen Anschauungen der Utopier Die religiösen Anschauungen sind nicht nur über die ganze Insel hin, sondern auch in den einzelnen Städten verschieden, indem die einen die Sonne, andere den Mond, die einen diesen, die anderen jenen Planeten als Gottheit verehren. Es gibt Gläubige, denen irgendein Mensch, der in der Vorzeit durch Tugend oder Ruhm geglänzt hat, nicht nur als ein Gott, sondern sogar als die höchste Gottheit gilt. Aber der größte und weitaus vernünftigste *Teil* des Volkes glaubt an nichts von alledem, sondern nur an ein einziges, unbekanntes, ewiges, unendliches, unbegreifliches göttliches Wesen, das die Fassungskraft des menschlichen Geistes übersteigt und durch dieses gesamte Weltall ergossen ist, als wirkende Kraft, nicht als materielle Masse; ihn nennen sie Vater. Ihm allein, sagen sie, dient Ursprung, Wachstum, Fortschritt, Wandel und Ausgang aller Dinge zum Wohlgefallen, und keinem anderen außer ihm erweisen sie göttliche Ehren.

Freilich darin kommen auch alle anderen mit diesen Gottesverehrern überein trotz aller Glaubensunterschiede, daß sie nämlich ein höchstes Wesen annehmen, dem wir die Schöpfung des Weltalls und die Vorsehung zuschreiben müssen, und diese Gottheit nennen sie alle übereinstimmend in der Landessprache Mythras. Nur darin gehen die Meinungen auseinander, daß er bei jedem wieder anders aufgefaßt wird; dabei ist aber jeder einzelne überzeugt, was er für seine Person für das Höchste hält – es mag sein, was es will –, das sei doch schließlich immer dasselbe Wesen,[53] in dessen alleiniger göttlicher Erhabenheit und Majestät wir den Inbegriff aller Dinge (nach dem übereinstimmenden Urteil aller Völker) zu erblicken haben. Indessen machen sie sich alle nach und nach los von der Mannigfaltigkeit abergläubischer Vorstellungen, und statt dessen verschmelzen ihre Anschauungen zu der geschilderten einen Religion, die alle anderen an Vernünftigkeit – wie mir scheint – übertrifft. Unzweifelhaft wären die anderen Religionsvorstellungen schon längst verwelkt, wenn nicht jedes Unglück, das einem Menschen zufällig widerstößt, während er sich mit dem Plane trägt, die Religion zu wechseln, von ihm aus Furcht als eine Schickung des Himmels ausgedeutet würde, statt als zufälliges Ereignis, gewissermaßen als ob die Gottheit, deren Verehrung der Gläubige aufgeben wollte, den frevelhaften, gegen sie gerichteten Vorsatz rächend strafte.

Doch seit sie durch uns von Christi Namen, Lehre, Wesen und Wundern Kenntnis erhalten hatten und ebenso von der wunderbaren Standhaftigkeit der vielen Märtyrer, deren freiwillig vergossenes Blut so zahlreiche Völker weit und breit zu seiner Nachfolge bekehrt hat, da war es kaum zu glauben, wie willig auch sie dieser Lehre zustimmten, vielleicht weil es ihnen Gott im Verborgenen eingab, vielleicht aber auch deshalb, weil ihnen das Christentum derjenigen heidnischen Lehre sehr nahe zu stehen schien, die bei ihnen selbst am stärksten verbreitet ist. Freilich möchte ich glauben, daß auch der Umstand von erheblichem Gewicht war, daß sie hörten, Christus habe die gemeinschaftliche (kommunistische) Lebensführung seiner Jünger gutgeheißen, und daß diese in den Kreisen der echtesten Christen noch heute üblich sei. Jedenfalls, von welcher Bedeutung das auch gewesen sein mag, nicht wenige traten zu unserer Religion über und wurden mit dem geweihten Wasser getauft.

Aber da unter uns vier Genossen (so viele waren wir nämlich nur noch, denn zwei waren gestorben) leider keiner Priester war, so müssen sie bis heute, obschon im übrigen eingeweiht, doch den Genuß der Sakramente entbehren, die bei uns nur die Priester austeilen dürfen. Doch verstehen sie deren Bedeutung und wünschen sich nichts sehnlicher; ja sie disputieren bereits eifrig miteinander über die Frage, ob ohne Auftrag des christlichen Papstes einer von ihnen gewählt und so den Charakter als Priester erwerben könne. Und es schien in der Tat, als würden sie einen wählen, doch zur Zeit meiner Abreise hatten sie die Wahl noch nicht vollzogen. Auch die anderen, die der christlichen Religion noch nicht zustimmen, halten doch niemanden davor zurück und fechten keinen Übergetretenen an. Nur einer aus unserer christlichen Gemeinschaft wurde während meiner Anwesenheit verhaftet. Es war ein frisch Getaufter, der gegen unseren Rat öffentlich über die Verehrung Christi mit mehr Eifer als Klugheit predigte; er geriet dabei so ins Feuer, daß er bald unser Glaubensbekenntnis über alle anderen erhob, ja diese obendrein alle zusammen in Grund und Boden verdammte, sie unheilig nannte und ihre Bekenner als ruchlose Gotteslästerer, würdig des höllischen Feuers, begeiferte. Als er lange so weiterpredigte, ließ man ihn verhaften, verklagte ihn und machte ihm den Prozeß, nicht wegen Religionsverletzung, sondern wegen Erregung von Aufruhr im Volke, verurteilte und bestrafte ihn mit Verbannung. Denn das ist eine ihrer ältesten Verfassungsbestimmungen, daß keinem seine Religion Schaden bringen darf.

Schon ganz zu Anfang ihrer Geschichte hatte nämlich Utopus erfahren, daß die Inselbewohner vor seiner Ankunft beständig untereinander über ihre Religionsanschauungen gestritten hatten; es war ihm auch nicht entgangen, daß eine allgemeine Spaltung daraus entstanden war, so daß sie nur noch in einzelnen Religionsparteien für das Vaterland kämpften, und daß ihm diese Verhältnisse Gelegenheit geboten hatten, sie alle miteinander zu besiegen. Sobald er den Sieg erfochten hatte, bestimmte er deshalb: jeder dürfe der Religion anhängen, die ihm beliebe; jedoch noch andere Leute zu seiner Religion zu bekehren dürfe er nur in der Weise versuchen, daß er seine Meinung freundlich und ohne Anmaßung auf Vernunftgründen aufbaue, nicht indem er die anderen Anschauungen mit Heftigkeit herabsetze. Sollte es ihm nicht durch Zureden gelingen, die anderen zu überzeugen, so solle er keinerlei Gewalt anwenden und Schmähungen unterdrücken. Wer in dieser Sache zu gewaltsam vorgeht, wird mit Verbannung oder Sklavendienst bestraft.

Diese Bestimmung hat Utopus getroffen, nicht nur mit Rücksicht auf den Frieden, der, wie er sah, durch beständigen Zank und unversöhnlichen Haß von Grund auf zerstört wird, sondern weil er der Meinung war, daß eine solche Festsetzung auch im Interesse der Religion liege. Er hatte nicht die Vermessenheit, über die Religion irgend etwas endgültig zu bestimmen, da es ihm nicht sicher war, ob Gott vielleicht selber eine mannigfache und vielfältige Art der Verehrung wünsche und daher dem einen diese, dem anderen jene Eingebung schenke. Jedenfalls hielt er es für anmaßend und unsinnig, wenn einer mit Gewalt und Drohungen verlangte, daß seine Ansicht über die Wahrheit auch allen anderen einleuchten müsse. Wenn aber wirklich *ein* Glaube die meiste Wahrheit besitzt und alle anderen nichtig sind, so meinte doch Utopus, es sei leicht vorauszusehen, daß die Macht der Wahrheit sich von selber dereinst einmal durchsetzen und offenbar werden müßte, wenn ihre Sache nur mit Vernunft und Mäßigung betrieben würde. Wenn man sich aber mit Waffen und Aufruhr darum stritte, so wären immer die minderwertigsten Menschen am hartnäckigsten, und so würde wegen ihres Streites der kostbare Schatz der heiligen Religion von dem nichtigsten abergläubischen Wahn verschüttet, wie die Saat von Dornen und Unkraut erstickt wird. Daher hat er diese ganze Frage unentschieden gelassen und jedem einzelnen überlassen, welchen Glauben er für richtig halten will; nur das eine hat er feierlich und streng verboten, daß einer so tief unter die Würde der menschlichen Natur sinke, daß er meint, die Seele ginge zugleich mit dem Leibe zugrunde oder die Welt treibe aufs Geratewohl und ohne göttliche Vorsehung ihren Lauf. Und deshalb glauben die Utopier, daß nach diesem Leben Strafen für unsere Verfehlungen festgesetzt, Belohnungen für unsere Tugenden uns bestimmt sind. Wer das Gegenteil glaubt, den zählen sie nicht einmal unter die Menschen, weil er die erhabene Natur seine Menschenseele auf die niedere Stufe einer elenden tierischen Körperlichkeit herabsetzt; noch viel weniger denken sie also daran, ihn unter die Bürger zu rechnen: würden ihm doch alle bürgerlichen Einrichtungen und moralischen Grundsätze keinen Pfifferling gelten, wenn ihn nicht die bloße Furcht in Schranken hielte. Oder kann es jemandem zweifelhaft sein, daß er versuchen würde, die Staatsgesetze seines Landes entweder heimlich und mit List zu umgehen oder mit Gewalt umzustoßen, sofern das seinen privaten Wünschen dienlich wäre, da er ja über die Gesetze hinaus nichts fürchtet, über sein körperliches Leben hinaus nichts erhofft? Deshalb wird einem so Gesinnten keine Ehre zuteil, kein obrigkeitlicher Posten übertragen, er kann kein öffentliches Amt versehen. So gerät er überall als ein von Natur unbrauchbarer und aussichtsloser Mann in Verachtung. Indessen erhält er keine eigentliche Strafe, weil die Utopier überzeugt sind, daß es niemand in der Hand hat, zu glauben, was ihm beliebt; vielmehr zwingen sie ihn weder mit irgendwelchen Drohungen, seine Gesinnung zu verheimlichen, noch lassen sie Verstellung und Lüge zu, die ihnen als nächste Geschwister des Betruges überaus verhaßt sind. Wohl aber hindern sie ihn, seine Meinung öffentlich zu verfechten, und auch das nur vor dem gemeinen Volk. Denn anderswo, vor den Priestern und ernsten, gebildeten Männern in stillem Kreise lassen sie es zu, ja sie ermahnen ihn sogar dazu, weil sie darauf vertrauen, sein Wahnsinn werde endlich doch der Vernunft weichen.

Es gibt auch noch andere, und gar nicht wenige (man läßt sie nämlich gewähren, da ihre Meinung nicht ganz unbegründet ist und sie nicht bösartig sind), die in den entgegengesetzten Fehler verfallen und auch die Tierseelen für ewig halten, freilich an Würde nicht für vergleichbar mit unseren Menschenseelen und auch nicht zu gleicher Glückseligkeit geschaffen. Denn daß den Menschen eine unbegrenzte Seligkeit erwartet, halten sie fast sämtlich für sicher und ausgemacht, und betrüben sich deshalb zwar immer in Krankheitsfällen, aber nie in Todesfällen, es sei denn, daß sie den Sterbenden angstvoll und widerwillig vom Leben sich losreißen sehen. Das halten sie nämlich für ein sehr übles Anzeichen dafür, daß die Seele ohne Hoffnung und mit schlechtem Gewissen, in irgendeiner dunklen Vorahnung drohender Strafe, vor dem Tode zurückschaudert. Überdies meinen sie, Gott werde die Ankunft eines Menschen ganz und gar nicht willkommen sein, der nicht freudig herbeieilt, wenn er gerufen wird, sondern ungern und widerstrebend sich herbeischleppen läßt. Diese Art von Tod hat deshalb für die Zuschauer etwas Grauenhaftes; daher trägt man auch die so Gestorbenen trauernd und schweigend aus der Stadt, betet zu Gott, er möge der abgeschiedenen Seele gnädig sein und ihre Sünden ihr aus Gnaden verzeihen, und begräbt dann den Leichnam unter der Erde.

Dagegen die Toten, die frohgemut und voll guter Hoffnung dahingegangen sind, betrauert niemand, sondern mit Gesang geleitet

man sie zur Bestattung, empfiehlt ihre Seelen mit großer Bewegung der Hut Gottes, verbrennt zuletzt ihre Körper ehrfurchtsvoll, doch nicht schmerzlich bewegt, und errichtet ein Denkmal auf der Grabstätte mit den Ehrentiteln des Verstorbenen. Heimgekehrt von der Bestattung, spricht man von seinem Charakter und seinen Taten, und kein Abschnitt seines Lebens wird dabei häufiger und lieber durchgenommen als sein seliger Tod. Diese Ehrung des Gedächtnisses rechtschaffener Menschen halten sie für einen höchst wirksamen Anreiz zur Tugend bei den Lebenden, und zugleich glauben sie den Verstorbenen mit dieser Verehrung eine große Freude zu machen; sie stellen sich nämlich vor, diese wären bei den Gesprächen über sie zugegen, wenn auch unsichtbar für den stumpfen Blick der Sterblichen. Denn es würde ja schlecht zum Lose der Seligen passen, wenn sie nicht die Freiheit hätten, überall hinzugehen, wohin sie wollen, und andererseits wäre es undankbar von ihnen, wenn sie ganz die Sehnsucht verloren hätten, ihre Freunde wiederzusehen, mit denen sie zu ihren Lebzeiten gegenseitige Liebe und Sympathie verband; sie vermuten vielmehr, daß diese Neigungen ebenso wie alle anderen guten Eigenschaften guter Menschen nach dem Tode eher sich verstärken als vermindern. Demnach glauben sie, daß die Toten unter den Lebenden umherwandeln als Zuschauer und Zuhörer ihrer Worte und Taten. Mit um so größerer Zuversicht greifen sie ihre Aufgaben an, im Vertrauen auf diesen Schutz, und der Glaube an die Gegenwart der Vorfahren schreckt sie zugleich vor heimlicher Schandtat zurück.
Auf Wahrsagerei und die anderen Phantastereien eines nichtigen Aberglaubens, wie sie bei anderen Völkern in hohem Ansehen stehen, geben sie gar nichts und lachen darüber. Die Wunder dagegen, die ohne jede natürliche Veranlassung erfolgen, verehren sie als Taten und Zeugnisse der allgegenwärtigen Gottheit. Solche Wunder sollen dort häufig vorkommen, und zuweilen in wichtigen und zweifelhaften Fragen flehen sie darum in großer Zuversicht durch öffentliches Bittgebet, und zwar mit Erfolg.

Die Betrachtung der Natur und das daraus entspringende Lob des Schöpfers halten sie für eine Gott wohlgefällige Form seiner Verehrung. Doch gibt es auch solche Gläubige, und gar nicht wenige, die aus religiösen Gründen alle geistige Arbeit vernachlässigen, sich nicht im geringsten um die Erkenntnis des Zusammenhanges der Dinge bemühen und sich überhaupt keinerlei Muße gönnen; nur durch praktische Tätigkeit und Pflichterfüllung gegen die Mitmenschen in guten Werken, behaupten sie, könnten wir der künftigen Seligkeit nach dem Tode näherkommen. Daher pflegen die einen Kranke, die anderen bessern Wege aus, reinigen Kanäle, stellen Brücken wieder her, stechen Rasen aus, schaufeln Sand und graben Steine aus, zerspalten und zersägen Bäume, karren Holz, Getreide und anderes in die Städte, kurzum, sie benehmen sich wie Diener, ja dienstbarer als die Sklaven, nicht bloß zu gemeinnützigen Zwecken, sondern ebenso gegenüber Privatleuten. Denn was es nur irgendwo an mühsamer, schwieriger und schmutziger Arbeit gibt, von der die meisten Mühe, Ekel oder Verzagtheit zurückschreckt, die nehmen sie freiwillig und heiteren Sinnes gänzlich auf sich. Anderen Leuten verschaffen sie so behagliche Muße, sie selber stecken beständig in Arbeit und Plage. Und doch rechnen sie es niemandem an, schimpfen nicht auf die Lebensweise der anderen und rühmen sich nicht ihrer eigenen. Je mehr diese Leute sich als Sklaven aufführen, desto größere Ehre[54] wird ihnen allgemein erwiesen.

Es gibt jedoch zwei verschiedene Richtungen unter ihnen: die eine ist die Sekte der Unverheirateten, die völlig auf fleischliche Liebe verzichten, aber auch auf jeden Fleischgenuß, einige sogar auf alle Nahrung, die von Tieren stammt. Sie verwerfen alle Vergnügungen des irdischen Lebens als sündig und trachten nur nach den Freuden des künftigen, in der Hoffnung, sie durch Nachtwachen und Schweißvergießen demnächst zu erlangen; inzwischen sind sie munter und wohlgemut. Die andere Richtung ist zwar nicht weniger arbeitseifrig, zieht es aber vor, zu heiraten, da ihnen die Ehe unverächtlich erscheint und weil sie glauben, der Natur ihren Zoll und dem Vaterlande Kinder zu schulden. Sie wenden sich von keinem Vergnügen ab, das sie nicht in der Arbeit aufhält. Das Fleisch von vierfüßigen Tieren schätzen sie vor allem deshalb, weil sie glauben, durch solche Nahrung zu jeder Arbeit besser gestärkt zu werden. Die Anhänger dieser Richtung halten die Utopier für die Klügeren, die anderen jedoch für die Frömmeren. Würden diese ihre Bevorzugung des Zölibats vor der Ehe und der Strapazen vor den Annehmlichkeiten des Lebens auf Vernunftgründe stützen, so würde man sie auslachen; so aber, da sie religiöse Motive angeben, begegnet man ihnen mit Hochachtung und Verehrung. Denn auf nichts achten die Utopier sorgfältiger als darauf, nichts Unbedachtes über irgendeine religiöse Anschauung verlauten zu lassen. Dies also ist das Wesen der Sektierer, die von den Utopiern mit einem eigenen Worte ›Buthresken‹ genannt werden, was in deutscher Übersetzung etwa ›Ordensbrüder‹[55] heißt.

Ihre Priester sind außerordentlich fromm und deshalb sehr wenig zahlreich. In jeder Stadt haben sie nämlich nicht mehr als dreizehn für die gleiche Zahl von Gotteshäusern, außer in Kriegszeiten. Dann rücken nämlich sieben von ihnen mit der Armee ins Feld und werden inzwischen durch ebenso viele andere ersetzt. Nach der Heimkehr erhält jeder wieder seine alte Stelle; die Überzähligen dienen so lange, bis sie der Reihe nach in die durch Tod freigewordenen Stellen einrücken, als Gehilfen des Oberpriesters. Einer ist nämlich Vorgesetzter der anderen Priester. Sie werden vom Volke gewählt, und zwar nach demselben Verfahren wie die anderen Obrigkeiten, in geheimer Abstimmung, um private Einflüsse auszuschalten. Die Gewählten werden vom Kollegium der Priester geweiht. Diese leiten den Gottesdienst, sorgen für die Pflege des religiösen Lebens und sind eine Art Sittenrichter. Es gilt für eine große Schande, von ihnen wegen ungehörigen Lebenswandels vorgeladen und gerügt zu werden.

Wenn aber auch Ermahnen und Warnen ihres Amtes ist, so bleibt doch die Maßregelung und Bestrafung der Übeltäter dem Fürsten und den übrigen Obrigkeiten vorbehalten, nur daß die Priester solche Menschen, die ihnen als ruchlose Sünder bekannt werden, vom Gottesdienst ausschließen können. Es gibt kaum eine Strafe, die mehr gefürchtet wäre. Denn sie bringt die Sünder in ärgsten Verruf und erfüllt sie mit geheimer religiöser Furcht; und nicht einmal körperlich bleiben sie lange ungefährdet; denn wenn sie nicht schleunigst bei den Priestern Buße tun, werden sie verhaftet und wegen gottloser Gesinnung vom Senate bestraft.

Die Kinder und Jugendlichen werden von den Priestern unterrichtet und dabei gilt deren Sorge ebensogut der Erziehung zu sittlicher Tüchtigkeit wie der wissenschaftlichen Ausbildung. Denn sie verwenden den höchsten Fleiß darauf, von Anfang an gesunde, moralische und der Erhaltung ihres Staates zuträgliche Anschauungen den noch zarten und lenksamen Kinderherzen einzuflößen. Denn wenn die erst einmal im Kinde festsitzen, begleiten sie den Mann durchs ganze Leben und bringen großen Nutzen, indem sie die Staatsverfassung sichern helfen, die ja nur durch lasterhafte Gesinnungen ins Wanken gebracht wird, wie sie aus verkehrten Anschauungen entspringen.

Die Priester haben die erlesensten Frauen des Volkes zu Gattinnen, soweit sie nicht selbst Frauen sind (denn auch das weibliche Geschlecht ist von diesem Stande nicht ausgeschlossen, freilich wird ziemlich selten eine Frau gewählt, und dann nur eine verwitwete, und zwar eine betagte). Keine Behörde genießt nämlich bei den Utopiern höheres Ansehen, und das geht so weit, daß ein Priester, der sich vergangen hat, keinem öffentlichen Gericht untersteht: nur Gott und sich selber bleibt er überlassen. Denn sie halten es nicht für erlaubt, jemanden mit Menschenhand zu berühren, und wäre es der ärgste Verbrecher, der Gott in so einzigartiger Weise gleichsam als Opfer geweiht ist. Dieses Herkommen können sie leicht innehalten, weil die Priester so wenig zahlreich und so sorgfältig ausgewählt sind. Kommt es doch nicht leicht vor, daß einer, der als der Beste aus den Guten allein mit Rücksicht auf seine

Tüchtigkeit zu so hoher Würde erhoben ist, zu verderbter und lasterhafter Gesinnung entartet. Sollte es aber immerhin einmal geschehen dank der Wandelbarkeit menschlicher Natur, so ist doch jedenfalls daraus für die Öffentlichkeit kein Schaden von erheblicher Bedeutung zu befürchten, da es sich ja nur um eine geringe Zahl von Priestern handelt, die außer ihrer Ehre keinerlei Machtbefugnis besitzen. Ihre Zahl ist darum so gering und unbedeutend, weil das Ansehen des Standes, dem die Utopier jetzt so große Verehrung entgegenbringen, an Wert sinken würde, wenn man seine Ehre vielen Leuten zukommen lassen wollte,[56] zumal man es für schwierig hält, viele Menschen von so vortrefflicher Gesinnung zu finden, die der Würde dieses Standes gewachsen sind; denn die zu bekleiden erfordert mehr als ein Mittelmaß von Tugenden.

Übrigens ist die Wertschätzung der Priester bei auswärtigen Völkern nicht geringer als bei ihnen selbst, was sich deutlich in einem Herkommen zeigt, das ich auch für den Grund dieser Verehrung halte. Während die Truppen in der Schlacht um die Entscheidung ringen, liegen die Priester abgesondert, aber nicht weit davon auf den Knien in ihren geweihten Gewändern und flehen mit zum Himmel emporgestreckten Händen vor allem um Frieden, sodann um Sieg für ihr Volk, aber um einen Sieg, der für keine Partei allzu blutig ist.[57] Siegen die Ihrigen, so eilen sie an die Kampffront und gebieten dem Wüten gegen die Geschlagenen Einhalt: wer sie nur sieht und ihnen zuruft, wenn sie kommen, dem ist sein Leben gesichert. Wer ihre wallenden Kleider berührt, schützt auch sonst sein Hab und Gut gegen alle kriegerische Gewalttat. Infolgedessen genießen sie bei allen Völkern ringsum eine solche Verehrung, ja so viel wirklich majestätisches Ansehen, daß sie schon oft von den Feinden nicht weniger Schonung für ihre Landsleute erwirkt haben, als sie umgekehrt den Feinden bei den Utopiern verschafft hatten. Jedenfalls steht so viel fest: schon manchmal, wenn die Front ihrer Landsleute durchbrochen und die Lage verzweifelt war, die Armee zu fliehen begann und der Feind zum Gemetzel und zur Plünderung hereinbrach, sind die Priester dazwischengetreten mit dem Erfolge, daß das Morden unterbrochen, die Truppen voneinander getrennt und ein Friede unter gerechten Bedingungen zustande gebracht und abgeschlossen wurde. Denn noch niemals hat es ein so wildes, grausames und barbarisches Volk gegeben, daß ihm ihr Leib und Leben nicht als geheiligt und unverletzlich gegolten hätte.

Als Festtage feiern sie den ersten und letzten Tag jedes Monats und ebenso des Jahres, das sie in Monate einteilen, die nach dem Mondumlauf begrenzt sind, während der Kreislauf der Sonne das Jahr umschließt. Alle Anfangstage heißen in ihrer Sprache ›Cynemernen‹, die Schlußtage ›Trapemernen‹ – Worte, die so klingen, als sollten sie Eröffnungs- und Schlußfeiern bedeuten.

Man sieht dort ungewöhnlich schöne Tempelbauten, die nicht nur durch ihre technische Vollendung, sondern vor allem durch ihre Geräumigkeit auffallen und eine ganz gewaltige Volksmenge fassen können, was ja infolge ihrer geringen Anzahl notwendig ist. Trotzdem sind sie alle halbdunkel, und zwar soll das nicht auf geringem Verständnis der Baukunst beruhen, sondern auf dem Rat der Priester. Diese sind nämlich der Meinung, übermäßig viel Licht zerstreue die Gedanken, sparsames und gleichsam unsicheres Licht diene zur Sammlung des Gemütes und zur Verstärkung der Andacht. Da die Religion ja dortzulande zwar nicht bei allen dieselbe ist, aber doch in allen, freilich verschiedenen und vielfachen Formen auf die Verehrung der göttlichen Natur als das einheitliche Ziel trotz Verschiedenheit der Wege hinausläuft, so sieht und hört man in den Tempeln auch nichts, das nicht für alle Religionsformen gemeinhin passend erschiene. Was etwa der einzelnen Kultusgemeinschaft eigentümlich ist, das besorgt jeder einzelne innerhalb der vier Wände seines Hauses. Den öffentlichen Kult dagegen verrichten sie in einer Form, die keiner Religion in ihren Besonderheiten zu nahetritt.

So erblickt man denn kein Götterbild im Tempel, damit es jedem unbenommen bleibt, in welcher Gestalt er sich Gott in der glühendsten Verehrung vorstellen will. Sie rufen Gott unter keinem Sondernamen an, sondern nur als Mythras, also mit dem Ausdruck, der für sie alle das all-eine Wesen der göttlichen Majestät bezeichnet, mag man dieses nun so oder so auffassen. Es werden auch keine Gebete abgefaßt, die nicht jeder einzelne ohne Verletzung seiner Sonderreligion aussprechen könnte.

Im Tempel also kommen sie an den Endfesttagen abends noch nüchtern zusammen, um Gott für das glücklich vollbrachte Jahr oder den Monat, dessen letzter Tag dieser Feiertag ist, Dank zu sagen. Am nächsten Tage, der ja ein Anfangsfesttag ist, strömt das Volk morgens in den Tempeln zusammen, um für das kommende Jahr oder für den Monat, den sie mit dieser Feier eröffnen, Glück und Heil zu erbitten. Aber an den Endfesten, ehe sie zum Tempel gehen, fallen zu Hause die Ehefrauen ihren Männern, die Kinder ihren Eltern zu Füßen und beichten ihnen, wie sie gesündigt haben, sei es durch eine Tatsünde oder durch fahrlässige Pflichterfüllung, und bitten um Verzeihung für ihren Fehler. So wird jedes Wölkchen häuslichen Zwistes, das etwa am Himmel aufgestiegen war, durch solche Abbitte verscheucht, so daß die Utopier mit reinem und frohgestimmtem Herzen dem Gottesdienst beiwohnen können. Sie haben nämlich eine Scheu, mit verstörtem Gemüt dabei zu sein; und wenn sie sich bewußt sind, Haß oder Zorn gegen jemanden zu hegen, gehen sie deshalb nicht zum Gottesdienst, ehe sie sich nicht versöhnt und von den Leidenschaften gereinigt haben, aus Furcht vor schneller und schwerer Strafe.

Wenn sie eintreten, begeben sich die Männer auf die rechte Seite des Gotteshauses, die Frauen auf die linke. Dann setzen sie sich so, daß die männlichen Mitglieder jedes Hauses vor dem Familienvater sitzen, die Familienmutter aber die Reihe der weiblichen Familienglieder schließt. So wird vorgesorgt, daß alle Bewegungen aller Jüngeren außerhalb des Hauses von denen überwacht werden, unter deren Autorität und Zucht sie auch zu Hause stehen. Ja, sie sehen auch noch mit Eifer darauf, daß immer die Jüngeren in verteilter

Anordnung mit den Älteren zusammengesetzt werden, damit nicht die Kinder, sich selbst überlassen, mit kindischen Albernheiten diese Zeit hinbringen, die doch gerade am meisten dazu dienen sollte, ihnen fromme Furcht vor den Himmlischen einzuprägen, die der stärkste, ja fast der einzige Ansporn zur Tugend ist.

Beim Opfer schlachten sie kein Tier, wähnen auch nicht, an Blut und Mord werde der gütige Gott Gefallen finden, der doch den beseelten Geschöpfen das Leben deshalb geschenkt hat, damit sie leben sollen. Sie zünden Weihrauch an und entfalten noch andere Wohlgerüche; dazu stecken sie zahlreiche Wachskerzen auf, nicht als ob ihnen unbekannt wäre, daß alle diese Äußerlichkeiten mit dem Wesen[58] Gottes nichts zu tun haben, ebensowenig wie ja sogar die Gebete der Menschen vor ihm nichts gelten, aber ihnen gefällt diese unblutige Art der Gottesverehrung, und überdies fühlen sich die Menschen durch die Düfte, Lichter und sonstigen Feierlichkeiten auf irgendeine unsagbare Weise innerlich aufgerichtet und befähigt, sich mit größerer Spannung zur Verehrung Gottes zu erheben. Das Volk trägt im Tempel weiße Kleider. Der Priester ist mit buntfarbigen Gewändern von technisch und künstlerisch wunderbar vollender Arbeit, doch nicht gerade aus kostbarem Stoff bekleidet. Sie sind nämlich weder mit Gold durchwirkt noch mit seltenen Steinen besetzt, sondern aus den Federn verschiedenartiger Vögel so sinnreich und kunstvoll hergestellt, daß der kostbarste Stoff den Wert dieser Arbeit nicht aufwiegen würde. Überdies sollen in diesen Schwungfedern und Flaumfedern und deren bestimmter Anordnung, wie man sie auf dem Priestergewand unterscheidet, gewisse geheime Mysterien versteckt sein, deren Auslegung bekannt ist und durch die Priester sorgsam überliefert wird: sie läuft auf eine Erinnerung der Menschen an die ihnen von Gott erwiesenen Wohltaten hinaus, ferner an die Pietät, die sie Gott dafür schulden, und auch an ihre gegenseitigen Pflichten untereinander.

Sobald der Priester in diesem Ornat, aus dem allerheiligsten Innenraum heraustretend, sich zeigt, werfen sich alle sofort voll Verehrung

*Der Priester ist mit buntfarbigen Gewändern von technisch und künstlerisch wunderbar
vollendeter Arbeit, doch nicht gerade aus kostbarem Stoff bekleidet.
Sie sind nämlich weder mit Gold durchwirkt noch mit seltenen Steinen besetzt,
sondern aus den Federn verschiedenartiger Vögel so sinnreich und kunstvoll hergestellt,
daß der kostbarste Stoff den Wert dieser Arbeit nicht aufwiegen würde.*

zu Boden, unter so allgemeiner tiefer Stille, daß schon der äußere Eindruck dieses Vorganges einen gewissen Schauer einflößt, als ob irgendeine Gottheit zugegen wäre. Sie bleiben eine Weile am Boden liegen und erheben sich erst auf ein vom Priester gegebenes Zeichen. Dann singen sie Gottes Lob, wozu zwischendurch Musikinstrumente ertönen, die großenteils eine andere Gestalt haben als die in unserem Weltteil bekannten. Wenngleich die meisten von ihnen die bei uns üblichen weitaus an Klangschönheit übertreffen, so sind doch auch manche mit den unseren nicht einmal zu vergleichen. In einem Punkte aber sind sie uns unzweifelhaft weit voraus: darin, daß alle ihre Musik, ob sie auf Instrumenten gespielt oder von der menschlichen Stimme gesungen wird, die natürlichen Gemütsbewegungen deutlich nachahmt und ausdrückt, die Klänge dem Inhalt des Musikstückes anpaßt,[59] mag es sich nun um das Gebet eines Flehenden handeln oder um fröhliche, sanfte, stürmische, traurige, zornige Rede: die Form der Melodie gibt jede Bedeutung des Textes so lebendig wieder, daß sie die Herzen der Zuhörer wunderbar ergreift, erschüttert und entflammt.

Zuletzt sprechen Volk und Priester zusammen feierliche Gebete in liturgischer Form, die so abgefaßt sind, daß jeder einzelne auf sich beziehen kann, was alle zusammen hersagen. In diesen Gebeten ruft sich ein jeder Gott als den Urheber der Schöpfung und Regierung und aller anderen Güter der Welt ins Gedächtnis und sagt für zahllose empfangene Wohltaten Dank, vor allem aber dafür, daß er durch Gottes Güte im glücklichsten aller Staaten zur Welt gekommen ist und Anteil an der Religion haben darf, die, wie er hoffen darf, die meiste Wahrheit besitzt. Sollte er sich darin irren oder sollte es in beider Hinsicht etwas Besseres geben, das auch Gott besser gefällt, so bitte er, seine Güte möge es ihn erkennen lassen. Denn er sei bereit, Gott zu folgen, wohin er auch von ihm geführt werde. Sollte aber diese Staatsform die beste und seine Religion die richtigste sein, dann möge Gott ihm Beständigkeit darin verleihen und auch alle anderen Menschen zu derselben Lebensweise und

Gottesanschauung bekehren, falls es nicht sein unerforschlicher Wille sei, sich an dieser Mannigfaltigkeit der Religionen zu erfreuen. Endlich betet der Andächtige, Gott möge ihn nach einem leichten Tod in sein Reich aufnehmen; wie bald oder wie spät, das wage er freilich nicht vorauszubestimmen; immerhin, soweit es ohne Verletzung der göttlichen Majestät geschehen könne, würde es ihm viel mehr am Herzen liegen, selbst den schwersten Tod zu erleiden, um bald zu Gott zu kommen, als durch ein noch so glückliches Leben länger von ihm ferngehalten zu werden. Nach diesem Gebete werfen sie sich abermals zu Boden, erheben sich bald darauf wieder und gehen zum Mittagessen. Den Rest des Tages verbringen sie mit Spielen und militärischen Übungen.«

»Ich habe Euch so wahrheitsgemäß, als mir möglich war, die Form dieses Staates beschrieben, der nach meiner festen Überzeugung der beste, ja der einzige ist, der mit Recht den Namen eines staatlichen ›Gemeinwesens‹ für sich beanspruchen kann. Denn wer anderswo vom ›Gemeinwohl‹ spricht, denkt doch überall nur an seinen Privatvorteil; hier dagegen, wo es kein Privateigentum gibt, betreibt man ernsthaft die Interessen der Allgemeinheit. Und gewiß geschieht beides mit Recht. Denn wer wüßte nicht, daß er anderswo als in Utopien trotz noch so großer Blüte des Staates für seine Person Hungers sterben muß, wenn er nicht für seinen Sondernutzen sorgt? Und somit drängt jeden die Not, sich mehr für seine eigene Person als für sein Volk, das heißt für die anderen, verantwortlich zu fühlen. Dagegen hier, wo alles Eigentum Gemeingut ist, zweifelt niemand, daß es keinem für seine Privatbedürfnisse an etwas fehlen wird, solange nur dafür gesorgt wird, daß die öffentlichen Speicher gefüllt sind. Da gibt es ja keine ungerechte Güterverteilung, keine Armen und keine Bettler, und obschon keiner etwas besitzt, sind doch alle reich. Denn gibt es einen größeren Reichtum als befreit von jeder Sorge, fröhlichen und ruhigen Herzens zu leben, ohne um seinen Lebensunterhalt zittern zu müssen, ohne gequält zu werden von den klagenden Geldforderungen der Gattin, ohne Furcht, daß der Sohn in Not geraten werde, ohne Sorge um die Mitgift der Tochter, sondern statt dessen gewiß zu sein, daß für das eigene Auskommen gesorgt ist wie für das Glück aller Angehörigen, der Gattin, der Kinder, der Enkel, der Urenkel und der Ururenkel und für die ganze Reihe der Nachkommen, so lang, wie sie der Edelmann im voraus sich vorstellt? Zuversichtlich zu sein auch deshalb, weil durchaus nicht weniger für die gesorgt ist, die jetzt entkräftet sind von früherer Arbeit, als für die, die jetzt arbeiten?

Da möchte ich den wohl sehen, der es wagt, mit solcher Gleichheit des Rechtes die Gerechtigkeit anderer Völker zu vergleichen! Ja, ich will des Todes sein, wenn ich bei den anderen überhaupt eine Spur von Gerechtigkeit und Billigkeit zu finden vermag! Denn was ist das für eine Gerechtigkeit, daß jeder beliebige Edelmann oder Goldschmied oder Wucherer oder sonst irgendeiner von der Menschenklasse, die überhaupt nichts leistet oder wenigstens eine Beschäftigung treibt, die für den Staat nicht dringend nötig ist, daß der ein üppiges und glänzendes Leben führen darf aus einem Erwerb, den ihm sein Nichtstun, oder sein überflüssiges Geschäft einbringt, während gleichzeitig der Tagelöhner, der Fuhrmann, der Schmied, der Bauer mit aller seiner harten und beständigen Arbeit, wie sie kein Zugtier aushalten würde, die so dringend nötig ist, daß ohne sie die Gesellschaft nicht ein Jahr auskommen könnte, sich doch nur ein so knappes Auskommen verdient, ein so erbärmliches Leben führen muß, daß einem die Lage der Zugochsen weit besser erscheinen könnte, die nicht so beständig sich placken müssen, nicht viel schlechtere, aber ihnen viel besser schmeckende Nahrung kriegen und bei alledem sich nicht vor der Zukunft zu fürchten brauchen? Diesen Menschen dagegen verdirbt die tägliche Hetze erfolgloser, unfruchtbarer Arbeit den Genuß der Gegenwart, und im Gedanken an die Zukunft martert sie obendrein die Aussicht auf ein hilfloses Alter. Denn wenn ihr täglicher Lohn zu kümmerlich ist, um auch nur für denselben Tag auszureichen, wie soll dann etwas herausspringen und übrigbleiben, das man zur Verwendung im Alter täglich zurücklegen könnte?

Ist das etwa nicht ein ungerechter und undankbarer Staat,[60] der so viel Gunst verschwendet an die sogenannten Edelleute, an Juweliere und sonstige Angehörige dieser Menschenklasse, die aus Tagedieben oder bloßen Schmarotzern und Angehörigen unnützer Luxusgewerbe besteht, dagegen den Bauern, Köhlern, Tagelöhnern, Fuhrleuten und Schmieden, ohne die überhaupt kein Staat bestehen könnte, gar keine Fürsorge zuwendet, sondern zuerst ihre Arbeit während ihrer besten Lebensjahre ausnützt und dann, wenn sie endlich, durch Alter und Krankheit gebeugt, an aller Notdurft Mangel leiden, ihnen aufs schnödeste vergilt, uneingedenk so vieler durchwachter Nächte, so vieler und so großer Dienstleistungen, indem er sie in jammervollster Armut sterben läßt? Was soll man vollends dazu sagen, daß die Reichen von dem täglichen Lohn der Armen alle Tage noch etwas abzwacken, nicht nur durch privaten Betrug, sondern sogar auf Grund öffentlicher Gesetze? So haben sie das, was früher als ungerecht galt: die größten Verdienste um den Staat mit dem ärgsten Undank zu vergelten, in seiner öffentlichen Geltung ganz entstellt, ja schließlich durch gesetzliche Sanktionen zur Gerechtigkeit gemacht.[61]

Wenn ich daher alle unsere Staaten, die heute irgendwo in Blüte stehen, im Geiste betrachte, und darüber nachsinne, so stoße ich auf nichts anderes, so wahr mir Gott helfe, als auf eine Art Verschwörung der Reichen, die den Namen und Rechtstitel des Staates mißbrauchen, um für ihren eigenen Vorteil zu sorgen. Sie sinnen und hecken sich alle möglichen Methoden und Kunstgriffe aus, zunächst um ihren Besitz, den sie mit verwerflichen Mitteln zusammengerafft haben, ohne Verlustgefahr festzuhalten, sodann um die Mühe und Arbeit der Armen so billig als möglich sich zu erkaufen und zu mißbrauchen. Haben die Reichen erst einmal im Namen des Staates, das heißt also auch der Armen, den Beschluß gefaßt, ihre Machenschaften durchzuführen, so erhalten diese sogleich Gesetzeskraft.

Aber selbst wenn diese abscheulichen Menschen in ihrer unbegreiflichen Gier alle Güter des Lebens, die für alle gereicht hätten, unter sich aufgeteilt haben – wie weit sind sie dennoch entfernt von dem glücklichen Zustand des utopischen Staates! Welche Last von Verdrießlichkeiten ist in diesem Staate abgeschüttelt, welche gewaltige Saat von Verbrechen mit der Wurzel ausgerottet, seit dort mit dem Gebrauch des Geldes zugleich die Geldgier gänzlich beseitigt ist! Denn wer sieht nicht, daß Betrug, Diebstahl, Raub, Streit, Aufruhr, Zank, Aufstand, Mord, Verrat und Giftmischerei, jetzt durch tägliche Bestrafungen mehr nur geahndet als eingedämmt, mit der Beseitigung des Geldes alle zusammen absterben müssen und daß überdies auch Furcht, Kummer, Sorgen, Plagen und Nachtwachen in demselben Augenblick wie das Geld verschwinden müßten? Ja, selbst die Armut, deren einziges Übel doch im Geldmangel zu liegen scheint, würde sogleich abnehmen, wenn man das Geld künftig überhaupt beseitigte.

Um dir das deutlicher zu machen, stelle dir einmal irgendein dürres und unfruchtbares Jahr vor, in dem der Hunger viele Tausende von Menschen weggerafft hat; da behaupte ich mit Bestimmtheit: hätte man am Ende dieser Hungerszeit die Speicher der Reichen ausgeleert, so hätte man so viel Brotgetreide finden können, daß niemand überhaupt etwas von der Ungunst des Wetters und des Bodenertrages hätte zu merken brauchen, wenn nur rechtzeitig jene Vorräte unter die Notleidenden verteilt worden wären, die in Wirklichkeit von Abmagerung und Auszehrung weggerafft wurden. So leicht ließe sich beschaffen, was zum Leben nötig ist, wenn nicht unser gesegnetes Geld, das doch ganz offenbar dazu erfunden ist, um uns den Zugang zu den lebensnotwendigen Gütern zu eröffnen, in Wirklichkeit uns nur den Weg zu diesen Gütern versperrte! Das merken sogar die Reichen, wie ich nicht zweifle, und wissen recht gut, wieviel angenehmer der Zustand sein müßte, nichts Notwendiges zu entbehren, als Überfluß zu haben an viel Überflüssigem, wieviel besser es wäre, so zahlreichen Übeln enthoben zu sein, statt von großem Reichtum in Beschlag genommen zu werden. Ich möchte auch gar nicht daran zweifeln, daß vielleicht schon längst die ganze Welt zu der Gesetzgebung des Utopierstaates bekehrt worden wäre, wenn nicht ein teuflisches Laster allein dagegen ankämpfte: das Haupt und der Ursprung allen Unheils, die Hoffart; sonst hätte wohl die vernünftige Einsicht in den Vorteil eines jeden einzelnen die Welt bekehrt oder auch die Autorität Christi, unseres Heilandes, der in seiner tiefen Weisheit wohl wissen mußte, was das beste sei, und in seiner Güte nur das anraten konnte, was er als das beste erkannt hatte. Aber die Hoffart mißt ihr Glück nicht am eigenen Vorteil, sondern am fremden Unglück. Sie möchte nicht einmal Göttin werden, wenn dann keine Unglücklichen mehr blieben, über die sie herrschen und die sie schmähen könnten, durch deren Elend ihre eigene Glückseligkeit im Vergleich erst den rechten Glanz gewinnen soll, deren Not sie durch die Entfaltung ihres Reichtums peinigen und aufreizen möchte. Sie wühlt sich, eine höllische Schlange,[62] in die Herzen der Menschen ein, hält sie wie eine Bremse (den Wagen) zurück und hindert sie, wenn sie einen besseren Lebensweg einschlagen wollen.

Sie hat sich allzu tief in das Menschenherz eingefressen, als daß sie sich ohne weiteres wieder herausreißen ließe. Und deshalb freue ich mich um so mehr, daß wenigstens den Utopiern diese Staatsform auszubilden gelungen ist, die ich am liebsten allen Völkern wünschen würde. Sie haben in der Tat ihr Leben so eingerichtet, daß sie auf diesen Einrichtungen das glücklichste Fundament zu ihrem Staate legen konnten, und überdies eines, das nach menschlicher Voraussicht von ewiger Dauer sein wird. Denn seit sie im Inneren des Staates die Wurzeln des Ehrgeizes und der Parteisucht mitsamt den übrigen Lastern ausgerottet haben, droht keine Gefahr inneren Zwistes mehr, der als die einzige Ursache schon die wohlbefestigte Macht vieler Städte zugrunde gerichtet hat. Solange aber die innere Eintracht nicht gestört ist und ihre heilbringende Verfassung noch besteht, vermag die Mißgunst aller benachbarten Fürsten (die das schon vor langer Zeit öfters, aber stets mit Mißerfolg, versucht haben) dieses Reich nicht zu erschüttern oder in Aufruhr zu bringen.«

Als Raphael so erzählt hatte, kam mir vielerlei in den Sinn, was mir an den Sitten und Gesetzen jenes Volkes überaus sonderbar erschienen war: nicht nur in der Methode ihrer Kriegführung, im Gottesdienst, in der Religion und noch anderen ihrer Einrichtungen, sondern vor allem auch in dem, was die eigentliche Grundlage ihrer ganzen Verfassung ist, nämlich in ihrem gemeinschaftlichen Leben und der gemeinschaftlichen Beschaffung des Lebensunterhaltes ohne allen Geldverkehr. Wird doch allein schon durch diese eine Verfassungsbestimmung aller Adel, alle Pracht, aller Glanz, alle Würde und Majestät, also nach der landläufigen Ansicht alle wahre Zierde und aller Schmuck des staatlichen Lebens von Grund auf umgestürzt. Indessen ich wußte, daß er vom Erzählen ermüdet sei, und war mir nicht ganz klar darüber, ob er es vertragen würde, wenn man abweichende Ansichten äußerte, zumal ich mich an seinen heftigen Ausfall gegen gewisse Leute erinnerte, die Angst hätten, man würde sie nicht für gescheit genug halten, wenn sie nicht geschwind etwas fänden, womit sie an den Einfällen anderer Leute herumzausen könnten. Deshalb lobte ich nur die Verfassung jenes Volkes und Raphaels Erzählung, schüttelte ihm die Hand und führte ihn in das Speisezimmer; doch bemerkte ich vorher, wir würden wohl noch später Zeit finden, über dieses Thema tiefer nachzudenken und ausführlicher mit ihm darüber zu sprechen. Möchte es doch noch einmal dazu kommen! Bis dahin kann ich gewiß nicht allem zustimmen, was er sagte (übrigens ohne allen Zweifel ein höchst gebildeter und weltkundiger Mann!), indessen gestehe ich doch ohne weiteres, daß es in der Verfassung der Utopier sehr vieles gibt, was ich in unseren Staaten eingeführt sehen möchte. Freilich ist das mehr Wunsch als Hoffnung.

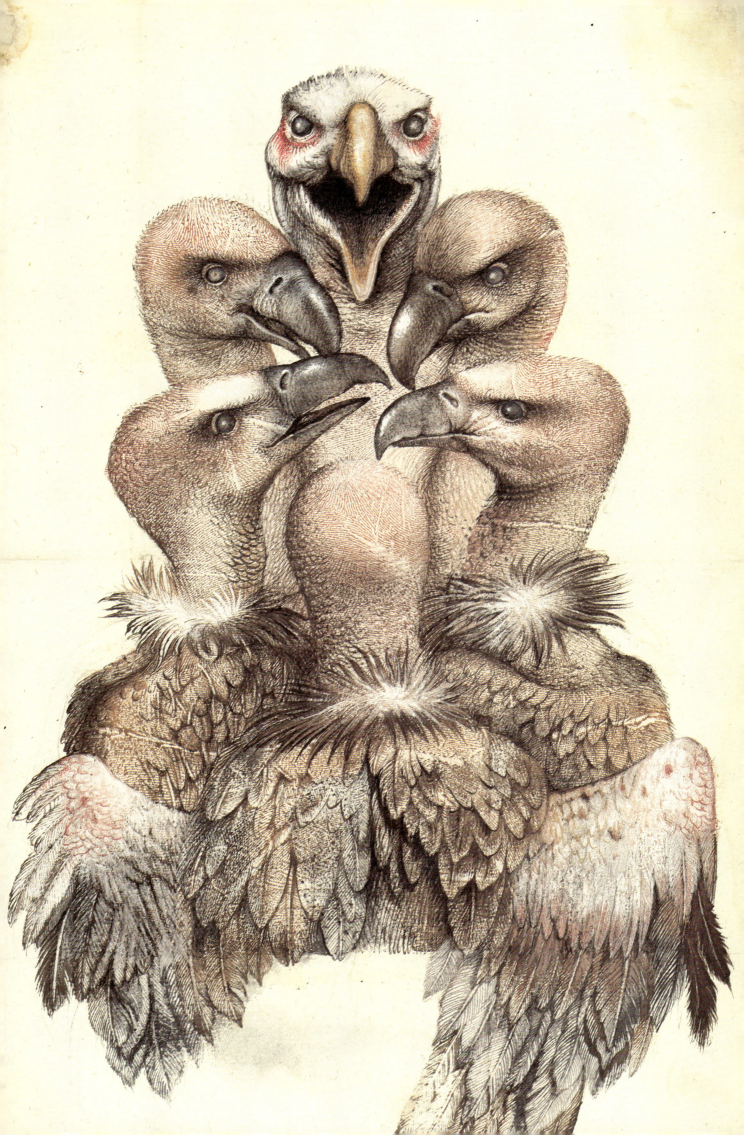

*Wenn ich daher alle unsere Staaten, die heute irgendwo in Blüte stehen,
im Geiste betrachte, und darüber nachsinne, so stoße ich auf nichts anderes, so wahr mir
Gott helfe, als auf eine Art Verschwörung der Reichen, die den Namen
und Rechtstitel des Staates mißbrauchen, um für ihren eigenen Vorteil zu sorgen.*

Anhang

Anmerkungen

Erstes Buch

1 Vgl. Erasmus, *Adagia*. Ausgabe von 1629, 12 b.
2 Anspielung auf eine Erzählung in dem Reisebericht Vespuccis (*Quattuor Americi Vesputii Navigationes, St. Dié 1507*); danach ließ A.V. auf seiner vierten Reise (1503/04) an der brasilianischen Ostküste (vermutlich Cap Frio) 24 Genossen zur Gründung einer befestigten Faktorei zurück.
3 Sprichwörter nach Lukan *Phars.* VII, 819, zitiert auch bei Augustin, *De civ. Dei* I,12, und nach Cicero, *Tusc.* 1,43,104.
4 Vgl. Vergil, *Aen.* III, 426 ff. und Homer, *Od.* x. – Beispiele der hier verspotteten Reisebücher: John Maundeville, Antonio de Herrera und andere.
5 *Non ut servias, sed inservias.*
6 *Supparasitantur*, vgl. Plautus, *Mil.* II,3,77.
7 Anklang an Erasmus, *Adagia* (1629) 642.
8 *Valere sinimus*, wörtlich »lassen wir Lebewohl sagen«. Die Verwechslung von *sinere* und *desinere* hat schon in Ralph Robinsons englischer Übersetzung zu einer Entstellung der in wörtlicher Übersetzung leicht mißverständlichen Periode geführt.
9 Aufstand der Bewohner von Cornwallis, niedergeschlagen im Gefecht von Blackheath, 22. Juni 1497.
10 Feldzug von 1513 gegen Frankreich.
11 *Coloni*. Es handelt sich nicht um ein reines Pachtverhältnis. ›Hörige‹ würde aber wohl zuviel sagen.
12 *Morosophi*, eine unübersetzbare Entstellung von *philosophi*, nach Lukian.
13 *Catilina 16*. Die geschilderte Bedrohung Frankreichs durch zuchtlose entlassene Söldnerbanden war am ärgsten unter Karl VI. und Karl VII. (1380–1461), blieb aber auch weiter ein erregendes Moment der Politik.
14 Vermutlich Anspielung auf den englischen Sieg bei Guinegate 1513 über die Franzosen.
15 *Nobiles et generosi*, vgl. englisch: *Nobility and gentry*.
16 Der Übergang der englischen Landwirtschaft zu extensiver Bewirtschaftung, zum Teil in den ländlichen Zuständen nach Abschluß der großen Bürgerkriege ökonomisch begründet, gehörte mit seinen (übrigens vorübergehenden) sozialen Folgeerscheinungen zu den meisterörterten Vorgängen des englischen Wirt-

schaftslebens im ganzen 16. Jahrhundert. Abgesehen von der Erörterung in zahlreichen supplications, Flugschriften und dergleichen findet man ganz ähnliche Klagen wie bei Morus in einer englischen Parlamentsakte von 1516.

17 Anscheinend Anspielung auf Ereignisse der Jahre um 1506 (Lupton).
18 *Oligopolium*.
19 *Mystos suos:* »Adepten«.
20 Fast wörtlicher Anklang an ein *Act of Parliament* von 1516. (Henry VIII, *cap.* 1.)
21 Vgl. Livius IV,19,6; VIII,7,22.
22 Stoischer Rechtssatz: *omnia peccata esse paria* (bei Cicero und anderen).
23 *Crebro iactu iacitur aliquando Venus.* Ähnlich bei Erasmus, *Adagia* (1629), 99b.
24 Nach einer Randglosse der Ausgabe von 1518 Anspielung auf ein häufiges Bettlersprichwort.
25 Vgl. Horaz, *Sat.* 1,7,32.
26 Lukas 21,19 der Vulgata.
27 Vulgata, Psalm 4,5: *Irascimini et nolite peccare.* Bei Luther: »Zürnet ihr, so sündiget nicht.«
28 Psalm 69,10.
29 Aus einer lateinisch gereimten Hymne des Adam von St. Viktor, *De resurrectione Domini*. Im lateinischen Text ist absichtlich ein Sprachschnitzer in der dritten Zeile der Hymne aufgenommen: *zelus* statt *zelum*, um die barbarische Unwissenheit des Theologen (Verwechslung mit *scelus*) zu illustrieren.
30 Sprüche 26,5.
31 Auch hier wieder: *zelus* statt *zelum*.
32 Ein solches Geheimkabinett schuf sich später Franz I., der soeben (1515) den Thron bestiegen hatte.
33 Die von Karl VIII. 1494 inaugurierte und bis 1515 immer wieder – mit kriegerischen und diplomatischen Mitteln, in buntestem Wechsel der politischen Konstellationen – aufgenommene Eroberungspolitik der französischen Könige in Italien, insbesondere gegen Neapel und Mailand, zeitweise auch gegen Venedig gerichtet, hielt damals ganz Europa in Atem. Die von Th. M. im Text fingierten Erwägungen des französischen Hofes entsprechen in allen Einzelheiten der Lage von 1513–15. Zwar traten damals die Streitigkeiten Frankreichs mit Habsburg um das flandrisch-burgundische Erbe Marias von Burgund († 1482) hinter den italienischen Interessen beider Mächte zurück; doch waren sie nur zeitweise vertagt. In Italien hatte Frankreich die 1500 eroberte Herrschaft über das Herzogtum Mailand 1512 trotz des Sieges von Ravenna, den es seinen deutschen Landsknechten verdankte, wieder verloren. Dafür gelang es 1513 der französischen Diplomatie, die Republik Venedig durch das Versprechen eines großen Anteils an der mailändischen Beute für sich zu gewinnen und von der »Heiligen Liga« (Papst Julius II., Spanien, Venedig) abzusprengen. 1513 trat aber England der antifranzösischen Koalition bei und englisch-burgundische Truppen schlugen die Franzosen in der »Sporenschlacht« von Guinegate, auf die Th. M. S. 27 anspielt. Als dann auch in Italien die Schweizer auf seiten der Liga bei Novara siegten (1513),

bot Frankreich alles auf, um auch Spanien durch ein Heiratsangebot von der Liga abzuziehen: Mailand (und Genua) sollten einem der Enkel König Ferdinands von Spanien (Aragon und Kastilien waren in seiner Hand vereinigt) zufallen, und dieser Enkel sollte eine Tochter Ludwigs XII. von Frankreich heiraten. Diese französisch-spanische Heiratspolitik war nichts Neues: Ferdinand selbst war seit 1506 mit einer Nichte Ludwigs vermählt, und als Morus schrieb (1515/16), waren gerade neue Heiratsverhandlungen zwischen Franz I. von Frankreich und Karl, dem Nachfolger Ferdinands, im Gange. Das pyrenäische Königreich Navarra hatte Ferdinand schon seit 1512 zum größten Teil in tatsächlicher Gewalt. – 1514 schloß Frankreich einen Friedens- und Freundschaftsvertrag mit England, und seit 1515 versuchte Franz I. mehrfach durch große Geldangebote auch die Schweizer zu sich herüberzuziehen. – Die Abhängigkeit Kaiser Maximilians von finanziellen Subsidien des Auslandes war fast sprichwörtlich bekannt und brachte ihn gelegentlich in entwürdigende Situationen. – Auch die Unterstützung der Schotten gegen England und die Benutzung englischer Thronprätendenten zur Lähmung der englischen Politik ist historisch: sie gehörte zu den alten Requisiten der französischen Staatskunst. Mit dem »verbannten Adligen«, von dem Th. M. spricht, könnte Perkin Warbeck, Herzog von York, gemeint sein, den Karl VIII. unterstützte.

34 *Ad Euronoton*, hellenisches Fremdwort: Südostwind. Oder ist ein Gebirge (εὐρύς = breit, νῶτον = Rücken) gemeint?
35 Nach Lupton, Seite 86, vielleicht Anspielung auf ein erasmisches Sprichwort.
36 Man glaubt die Unterscheidung der englischen Jurisprudenz zwischen Billigkeitsrecht (*equity*) und feststehendem Rechtsherkommen (*common law*) herauszuhören.
37 Vgl. Hesekiel 34,2 und Platon, *Politeia* I, 343.
38 Valerius Maximus IV, 5. (Verwechslung mit M. Curius Dentatus.)
39 Wortspiel im lat. Orig. ›*diu desitae, nunquam desideratae*‹.
40 *Philosophia scholastica.*
41 *Philosophia civilior.*
42 Vgl. Lukas 12, 3.
43 Terenz, *Ad.* 1, 2, 65/66.
44 *Politeia* VI, 10 (496 c).
45 Vielleicht nach einer Erzählung von Aelian, *var. hist.* II, 42.

Zweites Buch

1 England einschließlich Wales ungefähr ebenso viele.
2 Lateinisches Original: *in umbilico* = im Nabel.
3 *Servos ascripticios.* Ausdruck des römischen Rechts für mit dem Boden veräußerliche Ackersklaven, englisch etwa: *bondmen*.
4 Vgl. Plinius, *hist. nat.* X, 55. Vgl. auch die Eierbrutöfen Kaiser Maximilians I.; Konrad Peutingers Briefwechsel, herausgegeben von E. König, Nr. 78, Seite 126 f.

5 Es scheinen niederländische Verhältnisse als Vorbild vorzuschweben.
6 Die Ähnlichkeit der ›Nebelstadt‹ Amaurotum mit London ist augenfällig.
7 Die Beschreibung paßt in zahlreichen Einzelheiten (nicht in den Längenmaßen) auf die Themse.
8 Oder bedeutet das ›*perquam placidum ac iucundum*‹ soviel wie »höchst angenehm und willkommen«, nämlich mit Rücksicht auf den praktischen Nutzen dieser kanalisierten Wasserleitung? Sachlich wird wohl auf den Flete in London angespielt. Die Brücke ist offenbar die steinerne London Bridge.
9 Deutliche Anspielung auf den Tower-Wehrgraben des alten London.
10 In den Ausgaben variieren die Angaben zwischen ›zwanzig‹ und ›dreißig‹.
11 *Lapide duro*. Druck von 1518 statt dessen: *caementis* (Verputz).
12 Erklärung dieser Namen vgl. das Namenregister.
13 Gemeint ist offenbar eine Art *Lord-Mayor* der Stadt, nicht ein Landesfürst. Er ist *princeps* im Sinne Ciceros.
14 Parlamentsakte von 1495/96 und 1514 schärften den englischen Handwerkern eine Arbeitspflicht von 12 bis 13 Stunden ein.
15 *Religiosi*.
16 *Generosos ac nobiles*.
17 *Familiae*: Haushaltungen, Großfamilien, s. Seite 75.
18 Ausgabe von 1518: Alles Eßbare von Vierfüßlern und Vögeln. Im folgenden (bis zum Ende des Doppelsatzes) folge ich dem besser einleuchtenden Text von 1518.
19 *Famuli*. Vgl. Seite 78, 106 f.
20 Die im folgenden gegebene Beschreibung erinnert lebhaft an die in den Londoner Bürgergilden und Rechtsschulen (z. B. Lincolns Inn) zu Th. Morus' Zeiten übliche Ordnung der gemeinsamen Mahlzeiten, einzelne Züge, wie die musikalische Tischunterhaltung, die Verwerfung des Würfelspiels (Seiten 85, 116) und anderes auch an des Morus eigenen Haushalt.
21 Das scheint mir die sachlich wahrscheinlichste Deutung des lateinischen Textes (*venia patris et consentiente coniuge*).
22 Druckausgabe von 1518: *Amaurotico*. Der ältere Name (*Mentiranum*) hat wohl dieselbe Bedeutung wie der spätere (*Amaurotum*); der Wechsel deutet aber auf Umarbeitung des Ganzen hin.
23 Es ist immerhin bemerkenswert, daß Eisen damals zu den englischen Einfuhrartikeln gehörte.
24 Die bewundernde Randglosse der alten Druckausgaben zu dieser Stelle: *O arteficem!* (o Künstler!) zeigt, wie sehr diese uns umständlich erscheinenden Wendungen des Autors, die seine Fiktion glaubhaft machen sollen, dem Geschmack seiner humanistischen Leser entsprachen.
25 Vgl. Herodot III,23 (Erzählung aus Aethiopia).
26 Die lateinische Wendung »*nuces abicere*« entspricht etwa unserem »die Kinderschuhe ausziehen«.
27 Vgl. Lukian *Nigrinus* c. 13: Die Athener verspotten einen protzig auftretenden Fremden.

28 *Plumbeus* (eigentlich ›Bleischädel‹). Das darin anklingende Wortspiel (Blei – Gold) läßt sich deutsch nicht nachahmen.
29 Das sind die drei ersten unter den »sieben freien Künsten« des Mittelalters, das sogenannte Trivium.
30 Anspielung auf die grammatisch-logischen Theorien, mit denen im späteren Mittelalter der logische Elementarunterricht auf mittleren und Hochschulen begann, im Anschluß an den 7. Teil des allgemein üblichen Lehrbuches der Logik von Petrus Hispanus; die Gesamtheit dieser Theorien wurde unter dem Sammelnamen ›Kleine Logikalien‹ (*parva logicalia*) zusammengefaßt, da sie sich in den aristotelischen Schriften, dem Hauptstock der logischen Lehrtradition, nicht fanden, sondern als »moderne« Zutat galten.
31 Die ›zweite Intention‹ ist ein Ausdruck der spätscholastischen Logik und Erkenntnistheorie, der etwa soviel bezeichnet wie den subjektiven Charakter einer Vorstellung oder eines Begriffs als Gegenstand des Wissens im Gegensatz zu deren realer Wirklichkeitsbedeutung, die sich in der ›ersten Intention‹ ausdrückt. Zu den rein subjektiven Vorstellungen ohne reales Gegenbild rechnete die nominalistische Schule des Engländers Ockham insbesondere die Allgemeinbegriffe, wie ›Der Mensch überhaupt‹ im Gegensatz zu dem Begriff der einzelnen konkreten Menschen. Die Ironie des Morus zielt gegen den alten, im 15. Jahrhundert erneuerten und endlos fortgesponnenen Schulstreit der Nominalisten und Realisten (*via moderna* und *via antiqua*), ob es ein reales Gegenbild der Allgemeinbegriffe in der Wirklichkeit außerhalb des erkennenden Verstandes gebe oder nicht, sowie gegen die Einseitigkeit des logischen Interesses in der Spätscholastik überhaupt, der er als Humanist die sprachlichen und naturwissenschaftlichen Disziplinen entgegenstellte, die er selbst am liebsten betrieb.
32 Der lateinische Wortlaut würde nahelegen: ›*ihrer Religion*‹, doch widerspricht dem der Seite 155 f. geschilderte Charakter dieser Religion, falls hier nicht eine (im Rahmen des Ganzen ja keineswegs die einzige) sachliche Unstimmigkeit vorliegt. Als ›*epicuri potius quam stoici*‹ hatte auch Vespucci die Bewohner der Neuen Welt bezeichnet.
33 Oder ist das ›*primum omnium in amorem*‹ usw. so aufzulösen: »zuerst die Liebe zu allen Menschen« usw.?
34 Fast wörtlich nach Cicero, *fin.* 1,9,30. Die hellenistisch-römische, insbesondere die stoische Ethik nach Cicero und anderen scheint auch sonst hier überall durch.
35 Vgl. zu diesen Erzählungen ähnliche Paradoxien im *Encomium Moriae* des Erasmus.
36 So die Fassung von 1518.
37 Vielleicht Anspielung auf Heinrich VIII. Leidenschaft für Juwelen.
38 Ich interpretiere abweichend von Michels-Ziegler, indem ich *Quid – delectentur* als *einen* Satz auffasse.
39 Vergleiche für das Folgende Platon, *Gorg.*
40 Die hier und weiter unten aufgeführten Schriftsteller bilden den Grundstock der damals (1516) erschienenen Drucke in griechischer Sprache. Die Drucklegung griechischer Werke galt damals noch als eine besonders hervorragende Neue-

rung der Technik. Die Neugriechen Konstantin Laskaris und Theodoros Gaza gaben die ersten gedruckten griechischen Grammatiken heraus; das Wörterbuch des Hesychios (4. Jh. n. Chr.) war gerade 1514 in Venedig im Druck erschienen. Pedanius Dioskorides ist ein griechischer Arzt und Botaniker des 1. Jahrhunderts n. Chr., nicht etwa ein Glossarienschreiber, wie der lateinische Text des Morus anzunehmen scheint. Der Autor prahlt ein wenig mit seiner Kenntnis der neuesten Literatur.

41 Aldus Manutius, d. Ä., gestorben 1515, der bekannte gelehrte Buchdrucker in Venedig, aus dessen Offizin seit etwa 1489 die berühmten griechischen und lateinischen Frühdrucke (die Aldinen) hervorgingen und dessen Typen (er führte unter anderem die lateinische Kursive und die Antiqua ein) als besonders schön galten.

42 Eigentlich τέχνη ἰατρική, schon im Mittelalter in lateinischer Übertragung als medizinisches Schulbuch viel benutzt.

43 Th. Morus hielt sich selber einen im Hause.

44 Offenbar Anspielung auf die englischen Rechtsverhältnisse mit ihrer Geltung eines höchst verwickelten rechtlichen Herkommens an Stelle kodifizierten Rechts.

45 Die Ironie dieser Worte richtet sich offensichtlich gegen die sprunghafte Wandelbarkeit der weltlichen Politik des Päpstlichen Stuhles im Zeitalter eines Julius II., der die Franzosen zuerst gegen Venedig unterstützte (Liga von Cambrai 1508), um sie gleich darauf mit Hilfe Venedigs zu bekämpfen (1510/11 Heilige Liga).

46 Das Relativum *(eorum)* kann sich, rein sprachlich betrachtet, auch auf die Utopier selbst beziehen. Die obige Übersetzung ergibt sich aber aus dem Zusammenhang des unmittelbar Folgenden.

47 Derartige Zettelungen stiftete Heinrich VIII. 1515 in Schottland an.

48 Die historische Rolle der Schweizer Söldner in fast allen Heeren Europas im Zeitalter von Marignano (1515) ist bekannt.

49 Vielleicht schwebt dem Autor die entsprechende Einrichtung der Spartaner vor, von der Thukydides erzählt.

50 Offenbar denkt der Autor hier an altgermanische Bräuche, von denen Tacitus und Cäsar erzählen. Die Lektüre antiker Geschichtsschreiber hat wohl auch auf die folgende Schilderung (vgl. z. B. die Lagerbefestigung Seite 153.) eingewirkt.

51 Ich lese mit der Pariser Ausgabe von 1517 *ut si* statt des sinnlosen *nisi*.

52 Die altberühmten englischen Bogenschützen bildeten auch noch zu Anfang des 16. Jahrhunderts die wichtigste und charakteristische Waffengattung der englischen Armeen, auf die der echte Engländer stolz war.

53 Lat. Orig.: ›*natura*‹, wohl nicht ohne bewußten Anklang an den Naturbegriff der Antike. Vgl. Seite 123.

54 Diese Auffassung der schmutzigen Arbeit als Gott wohlgefälliges Werk ist schwer zu vereinbaren mit ihrer Seite 95 f. und 117 geschilderten Zuweisung an Ehrlose und andere Sklaven, ebenso die asketische Gesinnung der beiden Orden mit der Seite 108 f. und 125 geschilderten ›epikureischen‹ Gesinnung der Utopier.

55 Lat. *religiosi*, Gottesfürchtige im technischen Sinne des Mittelalters, Mönche.

56 Die polemisch-ironische Bedeutung dieser Stelle (als Kritik an der Überzahl von Klerikern in der spätmittelalterlichen Kirche) wird in den alten Druckausgaben noch durch eine Randnote unterstrichen.
57 Der Sinn dieser Ausführungen als Zeitkritik wird deutlich, wenn man an Papst Julius II., Kardinal Ximenes und andere kriegerische Kirchenmänner des beginnenden 16. Jahrhunderts denkt.
58 *Natura divina.* Vgl. Seite 156.
59 Es handelt sich um eine von den Humanisten mehrfach, unter anderem auch von Erasmus, erhobene Forderung der Zeit.
60 Lat. Orig.: ›*res publica*‹ ließe sich hier vielleicht mit modernem Ausdruck als »Gesellschaft« übersetzen.
61 Ich lese: *depravatum tum etiam fecerunt provulgata lege iustitiam.*
62 Humanistisch-lateinisch: *Serpens Averni.*

Inhaltsverzeichnis

7 Vorrede

17 Erstes Buch

*Rede des trefflichen Herrn Raphael Hythlodeus
über die beste Staatsverfassung
Herausgegeben von dem edlen Herrn Thomas Morus, der weltbekannten
britischen Hauptstadt Bürger und Vicecomes*

71 Zweites Buch

*Rede des Raphael Hythlodeus über die beste Staatsverfassung
Von Thomas Morus*

Von den Städten (namentlich Amaurotum)
Von den Obrigkeiten
Von den Handwerkern
Vom Verkehr der Utopier untereinander
Von den Reisen der Utopier
Von den Sklaven
Vom Kriegswesen
Von den religiösen Anschauungen der Utopier

181 Anhang

Verzeichnis der Anmerkungen
Zu den Bildern

Zu den Bildern

1 Postumes Konterfei des Thomas Morus

2 Unsere liebe Frau von Antwerpen mit Kind

3 Kingswater

4 Hybrides EG-Zuchtschaf

5 Pecunia olet

6 Kükenbrutmutter

7 Utopier in Leder gebunden

8 Gute Lektüre beim Stillen bringt Bildung
durch die Muttermilch

9 Der goldene Topf

10 Der Jäger vom Fall

11 Die Meerkatze ist schuld

12 Nackte Wahrheiten

13 Zwei Vollmatrosen der utopischen Marine

14 Utopistischer Krieger

15 Papagei habemus

16 Der Aufsichtsrat

Alle Aquarelle sind in Originalgröße wiedergegeben.
Die Abbildungen wurden lediglich
an den Außenrändern leicht beschnitten.

Alle Rechte vorbehalten
© dieser Ausgabe Büchergilde Gutenberg, Frankfurt am Main,
Olten und Wien 1986
Ins Deutsche übersetzt von Gerhart Ritter
© für die Übersetzung 1983 Philipp Reclam jun., Stuttgart

Gestaltung Heinz Richter, Hanau
Herstellung Grit Fischer, Frankfurt am Main
Schriften 14 Punkt Janson (CRTronic),
für die Titelei Original-Janson und Alt-Schwabacher (Handsatz)
Satz Fotosatz Hoffmann, Messel
Lithographie Reprotechnik Staudacher GmbH, Nürnberg
Papier für den Text matt Offset, 135 g/qm
und für die Bilder Ikonofix matt gestrichen, 135 g/qm
der Firma G. Schneider & Söhne, Kelkheim
Druck des Textes Paul Robert Wilk, Friedrichsdorf im Taunus
Druck der Bilder Fritz Osterchrist KG, Nürnberg
Bindung G. Lachenmaier, Reutlingen
Printed in the Federal Republic of Germany 1989
ISBN 3 7632 3200 1

THOMAS MORUS BETRACHTET
MICHAEL MATHIAS PRECHTLS BILDER ZU SEINER ›UTOPIA‹

Anmerkungen von Iring Fetscher mit Widersprüchen des Künstlers

Sir Thomas More, der sich latinisiert Thomas Morus nannte, lebte von 1478 bis 1535. Vierhundert Jahre nach seinem gewaltsamen Tode (Heinrich VIII. ließ ihn hinrichten, weil er sich weigerte, den König als Oberhaupt der anglikanischen Kirche anzuerkennen), wurde Thomas Morus heiliggesprochen. Seither muß man ihn in der ›Sonderabteilung für Heilige‹ des christlich-katholischen Himmels aufsuchen. Dort wurden ihm die Bilder vorgelegt, zu denen sich Michael Mathias Prechtl durch die Lektüre der Schrift des Thomas Morus über die ›Insel Utopia‹ hatte inspirieren lassen. Die folgenden Kommentare hat Iring Fetscher aus dem himmlischen Stenogramm übertragen. Der Maler setzte seine Widersprüche dazwischen.

[1]   Mein Porträt gefällt mir gut, auch wenn ich natürlich nicht gern an mein Ende auf Erden erinnert werde und hier – im Himmel – wieder vollkommen ›ganz und wohlbehalten‹ bin. Gern hätte ich gewußt, wer das Frauenzimmer ist, das im Hintergrund zu mir hinschielt. Sollte es wirklich die Anna Boleyn sein? Wundern würde es mich nicht.

Es ist Anna Boleyn, die Salome seiner Zeit, die da ihrem Herodes das Haupt des Johannes auf silberner Schüssel zuträgt. Nicht zuletzt ihretwegen hat Thomas Morus den Kopf verloren.

[2]   Die Muttergottes aus der Antwerpener Marienkirche kommt mir irgendwie bekannt vor. So offenherzig hat man sie freilich zu meiner Zeit nicht porträtiert.

Hier irrt Thomas Morus! Zu seiner Zeit haben Michelangelo, Pedro Machuca, Jan Gossaert, Baldung Grien und andere der Maria das Leibchen aufgeschnürt. Ein Menschenalter vor ihnen waren der Meister von Flemalle, Jan van Eyck und Jean Fouquet dabei, die Brust freizulegen. Des letzteren Madonna aus Melun, nach der schönen Agnes Sorel 1450 gemalt, ist es auch, deren Bild in Antwerpen als meine liebe Frau gemeint ist.

[3]   Heinrich VIII. ist gut getroffen. Zwar habe ich ihn nie in der dargestellten Haltung gesehen, aber Köpfe ließ er wirklich so leicht abschneiden, als bedürfe es dazu nur einer Schere.

Vielleicht vergißt man im Himmel menschliche Bedürfnisse. Es ist überliefert, daß damals jeder, wo er ging und stand, den Hosenlatz gelüftet, das Kleid gehoben hat, Wasser zu lassen.

Hier fließt übrigens kein gewöhnlicher Urin, sondern der Gießbach königlicher Gaben an das Volk.

[4] Die Schafe scheinen inzwischen noch weit gefräßiger geworden zu sein als zu meiner Zeit. Wenn ich richtig informiert bin, beteiligen sich heute auch Maschinen an der Vertreibung von Bauern und wird Wasser, Erde und Luft durch allerlei Gifte, die der Vertilgung von Unkraut und Ungeziefer sowie der Steigerung der Fruchtbarkeit für eine Weile dienen sollen, verpestet.

Unsere Menschen fressenden und Länder zerstörenden Schafe sind nicht nur noch gieriger geworden, sie heißen heute auch anders: Auto, Beton, Chemie, Dioxin, EG-Agrarwirtschaft, Flurbereinigung und so weiter über Nukleartechnik bis Zyklotron.

[5] Heute hat man – wie ich höre – fast nur noch Papiergeld. Das läßt sich leichter verstecken und leichter zustecken. Man überreicht diskret Briefumschläge und erwartet entsprechende Gegenleistungen. Tausend Mark sind zwar nicht viel, aber für eine Million, ja schon für hunderttausend läßt sich allerhand erreichen.
Der Herr, dessen getöntes Brillenglas man sieht, soll ein hochgestellter Politiker sein, der seinen Posten abgab. Da solcher Verzicht stets mit Einkommenseinbußen verbunden ist – das war schon zu meiner Zeit so – habe sich ein »befreundeter Konzern« bereitgefunden, für ›Ersatz‹ zu sorgen und dem sonst von Verarmung Bedrohten eine gut bezahlte, wenig Anstrengung kostende Tätigkeit verschafft. Ein anderer angesehener Politiker soll gesagt haben, man müsse verhindern, daß dieser Herr zum ›Sozialfall‹ werde.
Das ist denn auch geschehen. Nur wenige Kommentatoren haben das »soziale Engagement« dieses inzwischen gekauften Konzerns zu würdigen gewußt. Nur die Wochenzeitung der Opposition (der ›Vorwärts‹) erinnerte sich nachträglich daran, daß viele fortschrittlichen Sozialkritiker (und auch ich, nebenbei gesagt) auf den Zusammenhang von materieller Not und Verbrechen hingewiesen. Es ist allemal besser, das Verbrechen an dem Ort seiner Entstehung zu unterbinden als durch nachträgliche Bestrafung es zu unterdrücken.

Eche oder falsche Fünfziger soll es in Utopia nicht geben, dort sieht man mehr auf Sein, statt auf den Schein. Aber bei der Rede vom verderblichen Einfluß des Geldes in der Politik sind ja nicht utopische, sondern englische, das heißt unsere Zustände gemeint.

[6] Offenbar soll das jener Brüter sein, von dem ich im zweiten Buch berichtet habe. Ich dachte allerdings dabei eher an einen Brutapparat, wie man sie inzwischen längst erfunden hat. Sicher finden aber die Küken so einen freundlichen ›Hennenersatz-Mann‹ viel ›menschlicher‹. Überhaupt scheint man ja heute weniger von technischen Fortschritten zu halten als zu meiner Zeit, als die Wissenschaft und Technik gerade die ersten zaghaften Schritte zur ›Eroberung‹ und ›Beherrschung‹ der Natur unternahm.

Der Eierkopf hat sich zur Kükenbrutmutter emanzipiert. Von ›Apparaten‹ ist in der Utopia keine Rede, nur von Vorrichtungen zum Erhalt einer gleichmäßigen Wärme. Und die hält sich am Ammenbusen der Brutmutter eher als sonstwo.

[7]   Die beiden Ledergekleideten gefallen mir. Mir würde es freilich noch mehr zusagen, wenn beide Geschlechter gleichartige Arbeitskleidung tragen würden und vor allem nicht der ›Mode‹ folgen wollten, wie man den raschen Wechsel der Stile heute nennt. Ich war zwar für den politischen und wissenschaftlichen Fortschritt, aber die hastige, ja nervöse Unruhe, die heute in allen ›modernen‹ Ländern herrscht, habe ich mir nicht gewünscht! Die praktische kurze Hose des Mannes hat es – so glaube ich – schon zu meiner Zeit gegeben. Vielleicht kann mein Freund Erasmus hierüber Auskunft geben, da solche Kleidungsstücke vermutlich nach Österreich und Bayern gehören und im schweizerischen Nachbarland bekannt gewesen sein dürften.

Mir mißfällt diese puristische Uniformität in Utopia. Ein Hauch von Orwell-Grau liegt über der Insel. Die Einheitskleidung hätte sich aber auf Dauer auch dort nicht halten können. Individualität und Mode setzen sich letztlich doch durch, das zeigen in unseren Tagen die blauen Ameisen, die fast über Nacht bunt geworden sind. Die Spannweite der Möglichkeiten bieten der ins folkloristische Leder gebundene Dichter und das Disco-Mädchen in Alpaca.

[8]   Das ist mein Lieblingsbild. Oben sehe ich einen meiner eifrigsten und phantasievollsten Erben, wie er aus einem Buch vorliest. Es könnte der ›Geist der Utopie‹ sein oder auch das dreibändige Werk ›Prinzip Hoffnung‹, das ich noch immer nicht zu Ende gelesen habe. Ernst Bloch, so heißt der inzwischen auch bei mir im Himmel angekommene Verfasser, hat viel mutiger als ich auf den ›utopischen Geist‹ in allen Menschen gesetzt, während ich noch schüchtern glaubte, ihn allenfalls bei einigen meiner humanistischen Zeitgenossen wecken zu können – deshalb habe ich auch lateinisch geschrieben, was mich zugleich vor der kirchlichen Zensur schützte.
Der grauhaarige Mann, der an der Brust jener gesundheitsstrotzenden Nährmutter liegt, kommt mir irgendwie bekannt vor. Jetzt fällt mir wieder ein: Ich traf ihn neulich in der mathematisch-physikalischen Abteilung des Gelehrtenhimmels, wo er offenbar hoch angesehen ist. Man sprach davon, er habe eine ›Weltformel‹ erfunden, $E = mc^2$ heißt sie, glaube ich. Davor habe ich höchsten Respekt. Mehr hat es mich gefreut zu hören, daß dieser Dr. Einstein auch ein engagierter Pazifist und Demokrat war. Zuletzt soll er unter der Verantwortung für die Entwicklung einer schrecklichen Waffe gelitten haben, die er durch sein großes Ansehen gefördert hatte und deren Existenz heute das Überleben der Menschheit gefährdet.

Je besser der Lektor, desto flüssiger die Laktation, um so größer das Genie. Die Vorstellung, daß mit der Nahrungsaufnahme Wissen eingesaugt werden kann, direkt vom Busen der Alma Mater – einfach utopisch.

[9]   So sollte es überall sein! Nichts kann den Unwert des Goldes besser demonstrieren als seine Verwendung als Nachttopf und für städtische Latrinen. Gold oxydiert und rostet nicht, eine Goldschicht genügt übrigens, weil sonst das Nachtgeschirr zu schwer werden dürfte (es kann allerdings dann auch nur schwer umfallen).

Rein malerisch betrachtet: ins gelbe Gold geschissen sieht der Unrat nicht so fehlfarben aus wie im blütenweißen Porzellan.

[10]   Das ist einmal ein prächtiger Jäger, dem man die Metzgerkleidung kaum glauben möchte. Vielleicht hatten die Utopier ja unrecht, als sie die Jagd so sehr herabsetzten. Vernünftig ausgeübt, dient sie sogar der Natur, indem sie Bäume vor überhandnehmenden Wildschäden bewahrt und sich in den natürlichen ›Kreislauf‹ – wie es heute genannt wird – einschaltet. Nur von schnellfahrenden Wagen aus und mit automatischen Gewehren dürfte nicht gejagt werden!

Die Verurteilung der Jagd, des »Vergnügens am Morden und Zerfleischen armer Tiere« gehört bei den Utopiern zu den schärfsten Verdammungen menschenunwürdiger Tätigkeiten. Hat man da oben Thomas Morus zum Jagdfreund gewendet?

[11]   So schön und so gefräßig! Inzwischen ist es – wie man mir berichtet hat – einem späteren Nachfahren nicht viel anders gegangen, in seinem Fall waren es allerdings Mäuse, die das Manuskript der ›Deutschen Ideologie‹ angenagt haben. Karl Marx, einer der beiden Verfasser, zeigte sich genau so gelassen, wie ich es damals war. Er meinte, die Hauptsache habe er wie sein Freund Engels erreicht – nämlich ›Selbstverständigung‹. Mir ist es ähnlich ergangen. Erst nachdem ich die ›Utopia‹ geschrieben hatte, wußte ich, wo der Fehler unserer Gesellschaftsordnung liegt. Nicht selten kommen die klaren Gedanken beim Sprechen – wie Heinrich von Kleist meinte – oder beim Schreiben, wie der Schriftsteller Hermann Burger unlängst in Frankfurt sagte.

Die arme grüne Meerkatze wird inzwischen schlimmerer Delikte beschuldigt, als es der Verriß einiger Buchseiten war.

[12]   So tut man recht! Bei ehrlicher Gegenüberstellung des ganzen Menschen in seiner ›nackten Wahrheit‹ können später – nach Eingehen der Ehe (einem unauflöslichen Sakrament, woran ich festhielt und genug ›Ärger‹ damit hatte!) keine Einwände mehr erhoben werden. Das Vorzeigen der Partner durch würdige ältere Personen ist natürlich heute nicht mehr nötig, wo sich die Paare selbst im katholischen München des Sommers nackt in der Sonne baden.

Der Vorschlag zur unverhüllten Braut- und Bräutigamsschau war seinerzeit eine gute Idee. Ein späterer Utopist sagte: Vertrauen in Samt und Seide ist gut, Kontrolle ohne Textilien ist besser!

[13] Über diese beiden Matrosen hätten auch meine Utopier gelacht. Die Marine war aber für uns wichtig, weil Inselbewohner sich nur mit ihrer Hilfe vor fremden Angriffen schützen, ihre Freunde unterstützen und die Welt erforschen können.

Stan und Oliver auf Landurlaub im Nirgendwo machen sich durch geregelte, aber unbegrenzte Destruktion des gesunden Menschenverstandes überall beliebt – nicht nur in Utopia.

[14] Meine utopischen Krieger waren zumeist Söldner, die wir von benachbarten Völkern bezogen haben. Die Utopier haben sich auf alle mögliche Weise zu schonen gesucht. Einmal, indem sie durch Bestechung ihre Feinde zum Frieden zu bewegen suchten, zum anderen durch Heranziehung von Hilfstruppen verbündeter Völker und schließlich durch Söldner.
Ehrlich gesagt gefällt mir dieser Krieger gar nicht. Nur die Taube, die er auf seinem Helm trägt, findet meinen Beifall. Soll die häßliche Maske ihn vor Giftgas schützen? Will er mit dem großen utopischen Staubsauger seine Feinde einfach ›absaugen‹? Sollen die Flossen ihn zum schnellen Schwimmer machen? Warum ist sein Gürtel mit einem Schloß versehen? Hat er selbst den Schlüssel dazu oder sein Vorgesetzter?
So viele Fragen, ob Michael Mathias Prechtl sie mir beantworten könnte?

Jeder Filmfan erkennt, daß in dieser Uniform, hinter dieser Maske, nur unser geliebter Charlie stecken kann, im proletarischen Mißtrauen des kleinen Mannes gegen alle Wechselfälle des Soldatenseins gerüstet. Am Gürtel schloßgesichert notwendige Dinge, wie Flaschenöffner, Kneifzange, Löffel und last not least: teapot for teatime! Die shouldered arms – ein ›Staub-Deflations-Instrument‹ (SDI) – utopisches Produkt militärischer Forschung, können angeblich auch zu zivilen Zwecken genutzt werden.

[15] Ich sehe schon, das ist einer meiner ›utopischen Priester‹. Sein Federkleid und die leutselige Geste macht es ebenso deutlich wie das stillvergnügte Lächeln, das andeutet, wie gut er sich mit dem ›Allmächtigsten‹ steht. Man sagt mir, daß der heutige Papst ein Pole ist. Das hat es in der gesamten Kirchengeschichte noch nie gegeben. Die Welt hat sich mehr noch verändert als ich voraussehen konnte. Außerdem benützt dieser Papst, wie ich höre, fleißig die modernsten technischen Erfindungen. Meine Utopier übernahmen seinerzeit von den europäischen Gästen sofort die Kunst der Papierherstellung und des Bücherdrucks. Ich nehme an, sie würden genau so schnell Radio und Fernsehen, Flugzeuge und Automobile kopiert haben, wenn wir sie damals schon gehabt hätten. Drum kann ich den Heiligen Vater nicht tadeln, wenn er sich dieser modernen Mittel bedient. Ob es freilich der Frömmigkeit nützt und der Liebe zur Heimat, kann ich nicht sagen. Ich hoffe nur, daß die heutigen Christen genau so tolerant sind wie meine gläubigen Utopier, die es »für anmaßend und töricht hielten, mit Gewalt und Drohung zu erzwingen, daß das, was einer für wahr hält, allen so erscheine ...«

An den Federn erkennt man den Vogel, ab ovo usque ad mala! Diese bodenküssende, weitfliegende Spezies fällt besonders durch ihr publikumswirksames Balzverhalten auf.

[16]   Das ist in der Tat die wichtigste These meines Buches. Wo immer die Staaten nicht anderes sind als eine »Verschwörung der Reichen«, da gilt, was der Heilige Augustinus schon trefflich gesagt hat, da sind sie nämlich nichts anderes als »rohe Räuberbanden«. »Remota itaque iustitia quid sunt regna nisi magna latrocinia?« heißt es im vierten Buch seines ›Gottesstaates‹. Ein Gemeinwesen, das eine »Verschwörung der Reichen« ist, »die den Namen und Rechtstitel des Staates mißbrauchen, um für ihren eigenen Vorteil zu sorgen«, kann keinen Anspruch auf Gerechtigkeit erheben. Die Raubvögel auf diesem letzten Bilde symbolisieren daher sehr gut eine der Räuberbanden, von denen der Heilige Augustinus sprach.

Seh ich televisionär einen Verteilungsrat beisammen sitzen, so fallen mir gleich Professor Grzimeks Serengeti-Bilder ein. Das utopische Prinzip Hoffnung wird erst wahr, wenn sich Wolf und Schaf in Liebe umarmen.

Da ich selten Gelegenheit habe, zu Menschen des zwanzigsten Jahrhunderts zu sprechen, möchte ich noch ein Wort zu einer ganz und gar verfehlten Deutung meines Buches ›über den Zustand der besten Republik und die Insel Utopia‹ hinzufügen. Vor mehr als zwanzig Jahren hat ein – äußerlich – frommer Interpret, der fürchtete, mein ›Roman‹ könnte dem ›kommunistischen Weltfeind‹ nützen, die Behauptung aufgestellt, meine Schrift sei als Warnung gemeint. In Wahrheit hätte ich nicht vor den gefährlichen Folgen extrem ungleicher Eigentumsverteilung, sondern vor dem Gemeineigentum warnen wollen, und nur die Voreingenommenheit ›linker Intellektueller‹ habe das bislang nicht wahrhaben wollen. Als man mir damals von diesem ›Gelehrten‹ und seiner neuen These berichtete, habe ich laut lachen müssen. Zum Glück habe ich mir ja meinen Humor auch im Himmel bewahrt. Aber: im Ernst, natürlich habe ich auch manche Dinge in ›Utopien‹ gefunden, die mir nicht gefielen, aber daß die Utopier Gold verachten und sich mehr um Bildung und Tüchtigkeit als um Geldakkumulation (da es kein Geld gibt, gibt es natürlich dort auch keine Akkumulation) kümmern, habe ich als ein ideales Rettungsmittel für unsere Gesellschaft angesehen. Auch habe ich es durchaus ernst gemeint, wenn ich im Ersten Buch sage, »da nämlich die Menschen ihre Sitten nur ungern der Vorschrift Christi anpassen ließen, glichen sie seine Lehre wie ein bleiernes Richtmaß den Sitten an, damit beide wenigsten auf irgendeine Weise zusammenpaßten. Ich sehe aber darin keinen Nutzen, außer daß die Schlechten sorgloser sein können«. Die schädlichen Folgen dieser ›Anpassung‹ der christlichen Lehren an die moderne Wirtschaftsweise und das Bedürfnis nach Ausbeutung von Natur und Mensch kommt – so höre ich – heute selbst den Europäern zum Bewußtsein, nachdem sie jahrhundertelang von ihr profitiert haben. Die – im Namen eines ›angepaßten‹ Christentums – vergewaltigte Natur schlägt jetzt zurück! Mit dem Christentum eines Franz von Assisi und eines Benedikt von Nursia hätten die Europäer andere und bessere Erfahrungen machen können.

Gewiß, in meiner Vorrede habe ich davon gesprochen, daß Böswillige, die mein Buch kritisieren, »keinen Spaß zulassen wollen« oder »so engstirnig sind, daß sie keinen Witz vertragen«. Daraus darf man aber nicht schließen, daß es mir nur auf einen amüsanten Scherz angekommen wäre. Ich glaube, dafür habe ich im Laufe meines Lebens genügend Beweise erbracht. Solange es kein Gemeineigentum gibt, »wird immer auf dem weitaus größten und weitaus besten Teil der Menschheit die drückende und unvermeidliche Bürde der Armut und des Kummers lasten«. Das scheint mir auch heute noch wahr. Hoffentlich werde ich in hundert Jahren bei Ihren Nachkommen, falls es welche gibt, ebensoviel Bereitschaft zum Mitfühlen und Mitdenken finden wie bei Michael Mathias Prechtl, dem Maler und sechzigjährigen Jüngling, dem ich dankbar und fest die Hand drücke.